Chris Hohlstamm von Dehnen zu Wendhausen

Von Stagnation
zu Skalierung

Der Wachstums-Code für
Selbstständige und Unternehmer

Impressum

© 2025 Chris Hohlstamm von Dehnen zu Wendhausen

Rechtliches und Copyright:

Bibliografische Information der Deutschen Nationalbibliothek:
Die Deutsche Nationalbibliothek verzeichnet diese Publikation in der Deutschen Nationalbibliografie; detaillierte bibliografische Daten sind im Internet über http://dnb.dnb.de abrufbar.

Copyright © Mein Lebensfreudeverlag, 31559 Hohnhorst / Christopher Hohlstamm von Dehnen – Alle Rechte vorbehalten.
Ausgabe: 1. Auflage 03.2025

Grafik & Gestaltung, Lektorat: Dr.-Ing. B. Grabe & Chris Hohlstamm von Dehnen
Korrektorat: Dr.-Ing. B. Grabe, Mein Lebensfreudeverlag

Verlag: BoD · Books on Demand GmbH, In de Tarpen 42, 22848 Norderstedt, bod@bod.de

Druck: Libri Plureos GmbH, Friedensallee 273, 22763 Hamburg

ISBN: 978-3-7693-9955-4

Inhaltsverzeichnis

6

Vorwort

Warum dieses Buch?

Willkommen zu einem Buch, das nicht nur informiert, sondern transformiert.

Mein Name ist Chris Hohlstamm von Dehnen und in meinen über 30 Jahren Praxis als Business-Coach, Business-Highperformer, Erfolgs-Profitrainer und Unternehmensberater, habe ich eines immer wieder erlebt: Die meisten Unternehmen schöpfen ihr Potenzial nicht einmal annähernd aus und verbrennen täglich Geld!

Ob in meinen über 1.400 Vorträgen, 150 Seminaren oder den 120 von mir entwickelten und gehaltenen Ausbildungen – überall begegnete ich Geschäftsführern, Unternehmern und Führungskräften, die zwar viel arbeiten, aber oft am falschen Hebel ansetzen. Sie optimieren Kleinigkeiten, anstatt die entscheidenden Stellschrauben zu drehen, die Unternehmen nachhaltig nach vorne bringen.

Und kennen Sie das auch?

- Sie arbeiten hart, aber das Wachstum bleibt aus!
- Ihre Mitarbeiter sind nicht so produktiv, wie sie sein könnten! (vermuten Sie)

- Kunden kommen – und gehen genauso schnell wieder!
- Die Kosten steigen, während die Gewinne stagnieren! ...

Wenn Sie sich in diesen Punkten wiedererkennen, dann sind Sie nicht allein.

Doch die gute Nachricht ist: Es gibt eine Lösung!

Ich habe Unternehmen begleitet, die in wenigen Monaten ihre Umsätze verdoppelt oder sogar verdreifacht haben, die ihre Mitarbeiterzufriedenheit und Produktivität massiv gesteigert haben oder durch einfache Prozessoptimierungen sechsstellige Beträge pro Jahr eingespart haben.

Und genau dieses Wissen, diese Methoden und Erfolgsstrategien teile ich in diesem Buch mit Ihnen.

Was Sie in diesem Buch erwartet

Dieses Buch ist keine Sammlung allgemeiner Business-Ratschläge, sondern eine praxisnahe Schritt-für-Schritt-Anleitung, die auf bewährten Strategien basiert.

Sie lernen:

- Wie Sie Ihr Unternehmen in nur einem Tag analysieren und verstecke Potenziale aufdecken
- Welche 3 Wachstumsbremsen die meisten Unternehmen haben – und wie Sie sie eliminieren
- Warum die meisten Führungskräfte unbewusst Produktivität sabotieren – und wie Sie das ändern
- Wie Sie in 3 bis 9 Monaten Ihre Gewinne steigern und Ihr Unternehmen effizienter machen

Drei Programme, die bereits hunderten Unternehmen geholfen haben:

1. **BASIC-Programm:** Der Schnell-Check für Sofortmaßnahmen

2. **ADVANCED-Programm:** Die Tiefenanalyse für langfristige Optimierung

3. **PREMIUM-Programm:** Die 360° Transformation für nachhaltiges Wachstum

Ich werde Ihnen nicht nur zeigen, wie diese Methoden funktionieren, sondern auch echte Erfolgsgeschichten von Unternehmen teilen, die diese Strategien genutzt haben – mit beeindruckenden Ergebnissen.

Dieses Buch ist für Sie, wenn Sie:

✓ Ihr Unternehmen aus der Stagnation in ein skalierbares Wachstum bringen wollen

✓ Klarheit über Prozesse, Strukturen und Gewinnhebel erlangen möchten

✓ Mehr Umsatz mit weniger Aufwand generieren wollen

✓ Endlich das volle Potenzial Ihres Unternehmens ausschöpfen wollen

Mein Weg – und warum ich weiß, wovon ich spreche

Ich bin seit über drei Jahrzehnten im Business, habe Unternehmen aus verschiedensten Branchen begleitet – vom kleinen Handwerksbetrieb bis hin zu international agierenden Konzernen. Doch mein Weg war nicht immer einfach. Ich habe selbst erlebt, wie es ist, Fehlentscheidungen zu treffen, Prozesse zu überdenken und mich immer wieder neu auf Erfolg auszurichten.

Diese Erfahrungen haben mich gelehrt: Erfolg ist kein Zufall. Erfolg ist das Ergebnis klarer Strategien, konsequenter Umsetzung und der Fähigkeit, Veränderungen als Chancen zu sehen. Ich habe gelernt, was wirklich funktioniert – und was nicht. Und dieses Wissen gebe ich in meinen Seminaren, Vorträgen und Ausbildungen weiter.

Mein größtes Ziel ist es, Unternehmern wie Ihnen zu helfen, schneller, effizienter und nachhaltiger zu wachsen. Ich habe Unternehmen begleitet, die in wenigen Monaten aus einer finanziellen Krise heraus einen 7- oder 8-stelligen Umsatz erreicht haben – und das nicht durch Glück, sondern durch kluge Entscheidungen und bewährte Methoden.

Erfolg ist planbar – und genau das werde ich Ihnen in diesem Buch zeigen.

Warum dieses Buch anders ist

Ich weiß, es gibt unzählige Business-Ratgeber. Die meisten davon sind voller Theorien, aber wenig praxisnah. Dieses Buch ist anders.

Hier gibt es keine leeren Versprechen, sondern echte Lösungen.

Ich zeige Ihnen nicht nur was zu tun ist, sondern auch wie Sie es konkret umsetzen.

Ich werde Sie mitnehmen in echte Unternehmens-Analysen, zeigen Ihnen, welche Probleme ich in über 30 Jahren immer wieder gesehen habe – und wie die besten Unternehmen sie gelöst haben.

Dieses Buch ist Ihr praktischer Leitfaden für nachhaltiges Unternehmenswachstum.

Was Sie jetzt tun sollten

Ich verspreche Ihnen: Wenn Sie dieses Buch nicht nur lesen, sondern die Inhalte umsetzen, werden Sie Ergebnisse sehen.

Mein Tipp:

- Machen Sie sich Notizen.

- Identifizieren Sie konkrete Stellschrauben in Ihrem Unternehmen.

- Setzen Sie Schritt für Schritt um.

Und wenn Sie schneller, gezielter und mit professioneller Unterstützung vorankommen möchten, dann lade ich Sie ein, mit mir zu sprechen.

Als Leser dieses Buches haben Sie exklusiven Zugang zu einem kostenlosen Erstgespräch:

https://www.akademie-fsl.de/qualifizierung-erfolg-im-business/

Schlussgedanken – Erfolg beginnt mit einer Entscheidung

Unternehmerischer Erfolg ist kein Zufall.

Es ist eine Entscheidung. IHRE Entscheidung!

Eine Entscheidung, sich nicht mit Mittelmaß zufrieden zu geben. Eine Entscheidung, klare Prozesse zu etablieren, Mitarbeiter zu echten High-Performern zu entwickeln und den Fokus auf nachhaltiges Wachstum zu legen.

Dieses Buch gibt Ihnen das Wissen an die Hand. Doch Wissen allein reicht nicht – Sie müssen es umsetzen.

Ich wünsche Ihnen viel Erfolg, Inspiration und vor allem die Klarheit, Ihr Unternehmen auf das nächste Level zu heben.

Sind Sie bereit?

Dann lassen Sie uns starten!

Ihr Erfolg beginnt jetzt.

Herzliche Grüße,
Ihr
Chris Hohlstamm von Dehnen
Business-Highperformer | Business-Coach | Erfolgs-Profitrainer

Mehr erfahren & direkt mit mir sprechen:

https://www.akademie-fsl.de/business-tester/

Kapitel 1: Warum 90 % der Unternehmen unter ihrem Potenzial bleiben

Einleitung: Erfolg ist planbar – doch warum nutzen es so wenige?

Jedes Unternehmen beginnt mit einer Vision. Eine Idee, die den Markt verändern soll, ein Produkt oder eine Dienstleistung, die Kunden begeistert, und der Wunsch, damit Erfolg und finanzielle Freiheit zu erreichen.

Doch die Realität sieht oft anders aus: Stagnation, steigende Kosten, sinkende Gewinne, unmotivierte Mitarbeiter und fehlende Klarheit darüber, was als Nächstes zu tun ist.

- Warum bleiben so viele Unternehmen stecken, anstatt zu skalieren?
- Warum erreichen nur wenige Betriebe exponentielles Wachstum, während die Mehrheit stagniert oder gar scheitert?

Die Wahrheit ist: **Erfolg ist kein Zufall.**

Er folgt klaren Prinzipien, die nur wenige Unternehmer bewusst anwenden.

In diesem Kapitel erfahren Sie:

- Welche 3 Wachstumsbremsen die meisten Unternehmen unbewusst ausbremsen

- Warum die Denkweise des Unternehmers entscheidender ist als jedes externe Problem

- Wie Sie Ihr Unternehmen mit einem einfachen Schnell-Check analysieren können, um verborgene Potenziale freizusetzen

Wenn Sie diese Erkenntnisse verstehen und umsetzen, legen Sie die Grundlage für nachhaltiges Wachstum.

Die 3 Wachstumsbremsen, die 90 % aller Unternehmen ausbremsen

Ich habe in meinen über 30 Jahren Erfahrung als Unternehmens-Coach hunderte von Unternehmen analysiert – vom Start-up bis zum etablierten Mittelstand.

Und dabei bin ich immer wieder auf dieselben drei Wachstumsbremsen gestoßen, die fast jedes stagnierende Unternehmen gemeinsam hat:

Wachstumsbremse #1: Unklare Prozesse & Strukturen

Wie sieht ein ineffizientes Unternehmen aus?

- Jeder arbeitet „irgendwie", aber niemand kennt klare Abläufe
- Führungskräfte sind mit Mikromanagement überlastet
- Kundenbeschwerden über lange Wartezeiten oder unklare Kommunikation häufen sich
- Entscheidungen brauchen ewig, weil niemand genau weiß, wer wofür verantwortlich ist

Das Problem: Unklare Prozesse kosten Zeit, Geld und Energie.

Beispiel aus der Praxis:

Ein mittelständischer Produktionsbetrieb mit 150 Mitarbeitern hatte seit Jahren das Problem, dass Bestellungen chaotisch bearbeitet wurden. Kunden mussten oft Wochen auf eine Antwort warten. Mein Team und ich führten eine Schnellanalyse (BASIC-Programm) durch und entdeckten, dass:

- Es kein einheitliches System für Angebotsanfragen gab
- Aufträge auf Papier festgehalten wurden – ohne digitale Nachverfolgung

- Niemand genau wusste, wer für welchen Prozess verantwortlich war

Nach der Optimierung:

✓ Klare Prozesse für Angebotsanfragen, digitale Auftragsverfolgung und ein CRM-System führten zu einer Verkürzung der Bearbeitungszeit von 12 auf 3 Tage.

✓ Die Kundenzufriedenheit stieg um 40 %, und der Umsatz wuchs innerhalb von 6 Monaten um 18 %.

Wachstumsbremse #2: Schwache Mitarbeiterführung & fehlende Motivation

Viele Unternehmer unterschätzen die Bedeutung ihres Teams.

Merke: Ein unmotiviertes Team ist die teuerste Kostenstelle eines Unternehmens.

Typische Anzeichen für schlechte Mitarbeiterführung:

- Hohe Fluktuation – gute Mitarbeiter verlassen das Unternehmen schnell

- Viele Krankmeldungen – oft ein Zeichen von Frust oder Überarbeitung
- Kein Innovationsgeist – Mitarbeiter „arbeiten nur ihren Job", aber bringen keine Ideen ein

Das Problem:

Führungskräfte erwarten Höchstleistung, aber investieren nicht in die Weiterentwicklung ihrer Teams.

Praxisbeispiel:

Ein IT-Dienstleister mit 25 Mitarbeitern kämpfte mit schlechter Arbeitsmoral und hoher Fluktuation.

Analyse (ADVANCED-Programm):

- Mitarbeiter fühlten sich nicht wertgeschätzt und hatten keine klare Perspektive
- Führungskräfte wurden nicht auf ihre Rolle vorbereitet
- Keine regelmäßigen Feedback- oder Entwicklungsgespräche

Lösung:

✓ Einführung eines klaren Leadership-Trainings für Führungskräfte

✓ Regelmäßige Mitarbeitergespräche & Weiterentwicklungsangebote

Ergebnis:

- ✓ Krankheitsquote sank um 38 %,
- ✓ Fluktuation wurde um 50 % reduziert,
- ✓ Produktivität stieg um 27 %, was direkt zu einer Umsatzsteigerung von 22 % führte.

Wachstumsbremse #3: Fehlende Kundenbindung & Gewinnoptimierung

Viele Unternehmen konzentrieren sich nur auf Neukundengewinnung, vergessen aber, dass es 5-mal günstiger ist, bestehende Kunden zu halten, als neue zu gewinnen.

Typische Fehler bei der Kundenbindung:

- Nach dem ersten Kauf gibt es keine Follow-ups
- Kunden werden nicht nach Feedback gefragt oder wertgeschätzt
- Preise sind nicht strategisch optimiert

Praxisbeispiel:

Ein Online-Shop hatte hohe Neukundenzahlen, aber eine niedrige Wiederkaufsrate.

Analyse (PREMIUM-Programm):

- Kunden kauften einmal, kamen aber selten zurück

- Es gab keine Automatisierung für E-Mail-Marketing oder Treueprogramme

Lösung:

✓ Einführung eines Loyalitätsprogramms
✓ Automatische Follow-ups nach jedem Kauf mit Mehrwert-Inhalten

Ergebnis:

✓ Wiederkaufsrate stieg um **62 %**,
✓ Umsatz pro Kunde erhöhte sich um **23 %**,
✓ Jährlicher Gewinn stieg um **400.000 €**.

1.2 Wie Sie Ihr Unternehmen mit einem Schnell-Check analysieren können

Machen Sie jetzt einen kurzen Selbsttest:

Prozesse: Haben Sie klare Abläufe für alle wichtigen Unternehmensbereiche?

Mitarbeiterführung: Ist Ihr Team hochmotiviert und fühlt sich wertgeschätzt?

Kundenbindung: Haben Sie eine Strategie, um bestehende Kunden langfristig zu halten?

Wenn Sie in einem dieser Bereiche Unsicherheiten haben, besteht **Handlungsbedarf.**

Mein Angebot für Sie:

Buchen Sie jetzt ein kostenloses Erstgespräch:

https://www.akademie-fsl.de/business-tester/

Fazit: Wachstum ist eine Entscheidung

Unternehmen stagnieren nicht, weil es am Markt schwierig ist. Sie stagnieren, weil sie an den falschen Stellschrauben drehen.

1.3 Drei Fragen, die Sie sich stellen sollten:

1 Haben Sie klare, effiziente Prozesse?
2 Ist Ihr Team wirklich motiviert & leistungsfähig?
3 Nutzen Sie Ihr volles Gewinnpotenzial durch
   strategische Kundenbindung?

**Erfolg ist keine Frage des Glücks – es ist eine Frage
der richtigen Strategie.**

In Kapitel 2 erfahren Sie, welche drei entscheidenden
Hebel Sie für schnelles & nachhaltiges Wachstum nutz-
en können!

Kapitel 2: Die 3 größten Hebel für schnelles & nachhaltiges Wachstum

Einleitung: Warum Wachstum kein Zufall ist

In über 30 Jahren Erfahrung als Business-Coach, Unternehmensberater und Profitrainer habe ich eines immer wieder festgestellt: Erfolgreiche Unternehmen wachsen nicht durch Zufall – sie setzen bewusst die richtigen Hebel ein.

Viele Unternehmer kämpfen jahrelang gegen die gleichen Herausforderungen:

- Sinkende Gewinne, trotz steigender Umsätze
- Überlastung von Führungskräften, weil sie zu viel im Tagesgeschäft festhängen
- Mangelnde Mitarbeitermotivation, die zu hoher Fluktuation führt
- Fehlende Klarheit über Prozesse, was zu ineffizienten Abläufen führt
- Schwierigkeiten bei der Skalierung, weil das Geschäftsmodell nicht optimiert ist

Das Problem:

Die meisten Unternehmen arbeiten hart – aber nicht an den richtigen Stellschrauben.

Wachstum ist keine Frage von mehr Arbeit, sondern von intelligenter Strategie.

Und genau darum geht es in diesem Kapitel.

Was Sie in diesem Kapitel lernen werden:

- Welche 3 entscheidenden Hebel Unternehmen nutzen können, um schneller zu wachsen
- Erfolgsstrategien aus der Praxis, die bereits für über 1.400 Unternehmen funktioniert haben
- Schritt-für-Schritt-Anleitungen, um diese Hebel in Ihrem Unternehmen anzuwenden

Sind Sie bereit?

Dann lassen Sie uns gemeinsam die größten Wachstumstreiber entschlüsseln!

Warum Prozesse über Erfolg oder Misserfolg entscheiden

Wachstumstreiber #1: Maximale Effizienz durch klare Prozesse & Automatisierung

Regel #1 für Unternehmenserfolg:

„Unklare Prozesse = Chaos = Ineffizienz = Gewinneinbußen."

Fast alle stagnierenden Unternehmen haben ein gemeinsames Problem:

Sie haben keine klaren Abläufe.

Typische Probleme in ineffizienten Unternehmen:

- Jeder arbeitet „irgendwie", aber keiner weiß genau, wer für was verantwortlich ist
- Meetings dauern ewig, bringen aber keine Ergebnisse
- Mitarbeiter sind überlastet, weil sie ständig Aufgaben doppelt erledigen
- Kunden warten wochenlang auf Antworten, weil es keine klare Priorisierung gibt

Fehler Nr. 1: Viele Unternehmer denken, sie müssten einfach mehr Personal einstellen. Doch das bringt oft nur noch mehr Chaos.

Die Lösung: Prozesse vereinfachen, standardisieren und automatisieren.

Wie Sie Ihre Prozesse effizienter gestalten – Schritt für Schritt

Schritt 1: Identifizieren Sie ineffiziente Abläufe

Fragen Sie sich:

- Welche Aufgaben kosten Ihr Team die meiste Zeit, ohne echten Mehrwert zu bringen?
- Gibt es Prozesse, die ständig wiederholt werden, aber kein standardisiertes System haben?
- Welche Engpässe verlangsamen Ihre Abläufe?

Praxisbeispiel:

Ein mittelständischer Maschinenbauer mit 75 Mitarbeitern hatte seit Jahren das Problem, dass Angebote für Kunden zu lange dauerten. Die durchschnittliche Bearbeitungszeit lag bei 12 Tagen.

Unsere Analyse zeigte:

- Die Daten wurden **manuell** gesammelt
- Es gab **keine vordefinierten Angebotsvorlagen**
- Jeder Mitarbeiter hatte eine eigene Vorgehensweise

Lösung:

✓ Einführung einer automatisierten Angebotssoftware
✓ Klare Checklisten für die Dateneingabe
✓ Standardisierte Preislisten für schnellere Berechnung

Ergebnis:

✓ Angebotsbearbeitungszeit von 12 auf 3 Tage verkürzt
✓ Umsatzwachstum von 23 % durch schnellere Vertragsabschlüsse
✓ Mehr Kundenzufriedenheit, da Rückmeldungen schneller kamen

Ihr Sofort-Check:

- Gibt es wiederkehrende Aufgaben, die automatisiert werden könnten?
- Verbringen Ihre Mitarbeiter zu viel Zeit mit administrativen Tätigkeiten?
- Gibt es klare Abläufe für Kundenanfragen, Bestellungen und interne Prozesse?

Falls nicht, liegt hier ein riesiges Potenzial für Ihr Wachstum!

Warum Mitarbeiter das wertvollste Kapital eines Unternehmens sind

Wachstumstreiber #2: Höchstleistung durch starke Führung & Mitarbeitermotivation

Regel #2:

„Ein unmotiviertes Team ist die teuerste Kostenstelle eines Unternehmens."

Ein Unternehmen kann die besten Prozesse haben – wenn die Mitarbeiter nicht mitziehen, bleibt der Erfolg aus.

Typische Probleme in schwach geführten Unternehmen:

- **Hohe Fluktuation** – wertvolle Talente verlassen das Unternehmen
- **Krankmeldungen nehmen zu** – ein Zeichen für Frust oder Überlastung
- **Mitarbeiter leisten nur das Nötigste,** statt mit Engagement dabei zu sein

Fehler Nr. 2: Führungskräfte erwarten Höchstleistung, geben aber keine klare Richtung vor.

Die Lösung: Motivation, klare Kommunikation und starke Führungskultur.

Wie Sie ein High-Performance-Team aufbauen – Schritt für Schritt

Schritt 1: Die 3 wichtigsten Führungsprinzipien

1 Jeder Mitarbeiter braucht Klarheit über seine Rolle
2 Mitarbeiter müssen das „Warum" hinter ihrer Arbeit verstehen
3 Motivation entsteht durch Wertschätzung & persönliche Entwicklung

Praxisbeispiel:

Ein **IT-Dienstleister mit 40 Mitarbeitern** hatte das Problem, dass die **Leistungsbereitschaft sank.**

Unsere Analyse zeigte:

- Es gab keine regelmäßigen Feedbackgespräche
- Führungskräfte waren überfordert, weil sie nie geschult wurden
- Mitarbeiter wussten nicht genau, wie ihr Erfolg gemessen wird

Lösung:

✔ Einführung klarer Zielvereinbarungen & regelmäßiger Feedbackgespräche

✔ Führungskräftetraining für bessere Kommunikation & Motivation

✔ Leistungsabhängige Bonusprogramme für Top-Mitarbeiter

Ergebnis:

- ✓ Krankheitsquote sank um 38 %
- ✓ Produktivität stieg um 27 %
- ✓ Zufriedenheit & Engagement der Mitarbeiter deutlich verbessert

Ihr Sofort-Check:

- Haben Ihre Mitarbeiter eine klare Perspektive für ihre Weiterentwicklung?
- Gibt es regelmäßige Anerkennung & Feedback?
- Sind Ihre Führungskräfte wirklich darauf vorbereitet, Teams zu führen?

Falls nicht, liegt hier ein riesiges Potenzial für Produktivitätssteigerung!

Warum viele Unternehmen Geld auf dem Tisch liegen lassen.

Wachstumstreiber #3: Gewinnmaximierung durch intelligente Kundenbindung & Preisstrategie

Regel #3:

„Es ist 5-mal günstiger, einen bestehenden Kunden zu halten, als einen neuen zu gewinnen."

Viele Unternehmer fokussieren sich nur auf Neukunden – und vergessen dabei, dass die **höchsten**

Gewinne durch bestehende Kunden erzielt werden.

Typische Fehler:

- Kein Follow-up nach einem Kauf → Kunden kommen nicht wieder
- Preise sind nicht optimiert → Gewinne bleiben niedriger als möglich
- Fehlendes Cross-Selling → Kunde kauft nur ein Produkt, statt mehrere

Die Lösung:

Gezielte Kundenbindungsstrategien & Preisanpassungen.

Praxisbeispiel:

Ein Online-Shop hatte hohe Neukundenzahlen, aber eine extrem niedrige Wiederkaufsrate.

Lösung:

✓ Einführung eines VIP-Kundenclubs mit exklusiven Rabatten

✓ Automatisierte E-Mail-Kampagnen für Nachkäufe

✓ Strategische Preisanpassungen & Upselling-Angebote

Ergebnis:

✓ Wiederkaufsrate um 62 % gestiegen
✓ Durchschnittlicher Warenkorbwert um 23 % erhöht
✓ 420.000 € Mehrgewinn in 12 Monaten

Fazit: Wachstum ist das Ergebnis kluger Entscheidungen

- Prozesse automatisieren
- Führung & Mitarbeiter stärken
- Kundenbindung & Preisstrategie optimieren

In Kapitel 3 erfahren Sie, wie Sie Ihr Unternehmen mit einem Schnell-Check analysieren können!

Kapitel 3: Der Unternehmens-Schnell-Check – In einem Tag verborgene Potenziale aufdecken

Warum die meisten Unternehmen ihre größten Potenziale nicht erkennen

Die meisten Unternehmen haben enorme Wachstumschancen – sie sehen sie nur nicht.

Täglich begegnen mir Unternehmer, die über sinkende Gewinne, überlastete Teams und stagnierendes Wachstum klagen. Sie versuchen, durch noch mehr Arbeit und noch härteren Einsatz bessere Ergebnisse zu erzielen – doch sie setzen oft an den falschen Stellen an.

Die Wahrheit ist:

*   Nicht harte Arbeit bringt Sie weiter – sondern kluge Arbeit.
*   Nicht mehr tun, sondern das Richtige tun.

Und genau hier setzt der Unternehmens-Schnell-Check an!

Er hilft Ihnen, in nur einem Tag die verborgenen Potenziale Ihres Unternehmens zu entdecken. Sie erkennen, wo Sie Geld, Zeit und Ressourcen verschwenden. Sie identifizieren die größten Engpässe und Stellschrauben für mehr Wachstum.

Was Sie in diesem Kapitel lernen:

- Wie Sie mit einer systematischen Analyse versteckte Probleme sichtbar machen
- Ein Schritt-für-Schritt-System, mit dem Sie Ihr Unternehmen sofort verbessern können
- Wie andere Unternehmen mit diesem Check ihre Gewinne gesteigert und ihre Prozesse optimiert haben

Bereit?

Dann lassen Sie uns starten!

3.1 Warum jedes Unternehmen regelmäßige Analysen braucht

Die besten Unternehmen führen regelmäßig Interne Analysen durch. Sie hinterfragen ihre Abläufe, prüfen ihre Prozesse und verbessern kontinuierlich ihre Strukturen.

Doch in vielen Unternehmen passiert genau das Gegenteil:

- Führungskräfte reagieren nur auf Probleme, statt sie proaktiv zu lösen
- Unternehmer wissen nicht genau, warum sie nicht weiter wachsen
- Die größten Engpässe bleiben unentdeckt, weil niemand systematisch analysiert

Lösung:

Ein strukturierter Unternehmens-Check, der alle wichtigen Bereiche durchleuchtet.

3.2 Die 5 wichtigsten Analyse-Bereiche für Unternehmen

Der Schnell-Check konzentriert sich auf die entscheidenden Wachstumsfaktoren:

1. Prozesse & Effizienz – Sind Ihre Abläufe optimiert oder verschwenden Sie Ressourcen?
2. Mitarbeitermotivation & Führung – Ist Ihr Team wirklich produktiv?
3. Kundenbindung & Vertrieb – Nutzen Sie Ihr volles Umsatzpotenzial?

4. Finanzen & Gewinnoptimierung – Gibt es ungenutzte Ertragsquellen?
5. Strategie & Skalierung – Hat Ihr Unternehmen einen klaren Wachstumsplan?

Lassen Sie uns jeden Bereich im Detail durchgehen!

3.3 Bereich 1: Prozesse & Effizienz – Wie viel Zeit & Geld verschwenden Sie täglich?

Regel #1 für Unternehmenserfolg:

„Effiziente Unternehmen wachsen schneller – ineffiziente Unternehmen verschwenden Geld."

Symptome eines ineffizienten Unternehmens:

- Aufgaben werden doppelt erledigt
- Meetings sind zu lang und bringen keine Ergebnisse
- Mitarbeiter müssen ständig improvisieren, weil es keine klaren Abläufe gibt
- Kunden warten zu lange, weil Prozesse nicht durchdacht sind

Fragen für den Schnell-Check:

Gibt es klare Prozesse für Bestellungen, Kundenanfragen und interne Abläufe?

- Welche Aufgaben kosten zu viel Zeit, ohne echten Mehrwert zu liefern?
- Gibt es wiederkehrende Tätigkeiten, die automatisiert werden könnten?

Praxisbeispiel:

Ein mittelständisches IT-Unternehmen mit 50 Mitarbeitern hatte das Problem, dass Projektabläufe ineffizient waren.

Analyse ergab:

- Jedes Team nutzte unterschiedliche Tools, was zu Kommunikationsproblemen führte
- Zu viele Meetings, in denen keine klaren Entscheidungen getroffen wurden
- Keine klaren Zuständigkeiten bei der Projektvergabe

Lösung:

✓ Einführung einer zentralen Projektmanagement-Software

✓ Meetings wurden strukturiert und verkürzt

✓ Jedes Teammitglied bekam klare Verantwortlichkeiten

Ergebnis:

✓ Produktivität um 37 % gestiegen
✓ Durchschnittliche Projektlaufzeit um 28 % reduziert
✓ Mehr Umsatz durch schnellere Fertigstellung

Ihr nächster Schritt:

Identifizieren Sie mindestens eine ineffiziente Routine und eliminieren Sie sie noch heute!

3.4 Bereich 2: Mitarbeitermotivation & Führung – Ist Ihr Team ein Wachstumsmotor oder eine Bremse?

Regel #2:

„Ein motiviertes Team ist Ihr größter Wettbewerbsvorteil."

Typische Probleme in schlecht geführten Unternehmen:

- Hohe Fluktuation – Mitarbeiter verlassen das Unternehmen schnell
- Fehlendes Engagement – Mitarbeiter leisten nur das Nötigste
- Führungskräfte sind **überlastet**, weil sie nicht delegieren

Fragen für den Schnell-Check:

- Wissen Ihre Mitarbeiter genau, was von ihnen erwartet wird?
- Gibt es regelmäßige Feedback- und Motivationsgespräche?
- Werden Leistungsträger belohnt, oder gehen sie einfach unter?

Praxisbeispiel:

Ein Unternehmen aus der Logistikbranche hatte das Problem, dass viele Mitarbeiter unzufrieden waren.

Analyse ergab:

- Die Kommunikation zwischen Teamleitern und Mitarbeitern war kaum vorhanden
- Es gab keine klaren Karriereperspektiven
- Mitarbeiter fühlten sich nicht wertgeschätzt

Lösung:

✓ Einführung eines klaren Feedback-Systems
✓ Mitarbeiterentwicklungsprogramme für motivierte Teammitglieder
✓ Einführung eines Leistungsbonus-Systems

Ergebnis:

✓ Mitarbeiterzufriedenheit um 43 % gestiegen

- ✓ Produktivitätssteigerung von 29 %
- ✓ Reduzierte Fluktuation, da mehr Mitarbeiter langfristig blieben

Ihr nächster Schritt:

Fragen Sie Ihr Team regelmäßig, was sie für mehr Motivation brauchen!

3.5 Bereich 3: Kundenbindung & Vertrieb – Nutzen Sie Ihr volles Umsatzpotenzial?

Regel #3:

„Es ist fünfmal günstiger, bestehende Kunden zu halten, als neue zu gewinnen."

Typische Fehler:

- Kein Follow-up nach einem Kauf
- Kundenservice ist langsam oder schlecht organisiert
- Es gibt keine systematische Strategie für wiederkehrende Käufe

Fragen für den Schnell-Check:

- Haben Sie eine Strategie für Kundenbindung?

- Gibt es ein automatisiertes Follow-up-System nach dem Kauf?
- Nutzen Sie Upselling & Cross-Selling, um den Warenkorbwert zu steigern?

Praxisbeispiel:

Ein Online-Händler hatte eine extrem niedrige Wiederkaufsrate.

Lösung:

✓ Einführung eines VIP-Kundenprogramms

✓ Automatisierte E-Mail-Kampagnen für Nachkäufe

✓ Strategische Preis- und Angebotsanpassungen

Ergebnis:

- Wiederkaufsrate um 62 % gestiegen
- Durchschnittlicher Warenkorbwert um 23 % erhöht
- 420.000 € Mehrgewinn in 12 Monaten

Ihr nächster Schritt:

Führen Sie ein einfaches Kundenbindungs-Programm ein!

3.6 Fazit: Wachstum beginnt mit Analyse & Umsetzung

1. **Prozesse optimieren** = Mehr Effizienz
2. **Mitarbeiter motivieren** = Mehr Leistung
3. **Kunden binden** = Höherer Gewinn

Jetzt Ihr kostenloses Erstgespräch sichern:

https://www.akademie-fsl.de/business-tester/

In Kapitel 4 erfahren Sie, wie Sie mit einer detaillierten Analyse ein maßgeschneidertes Wachstumsprogramm entwickeln!

Kapitel 4: Die Tiefenanalyse – Wie Sie ein maßgeschneidertes Wachstumsprogramm für Ihr Unternehmen entwickeln

Warum Wachstum nicht dem Zufall überlassen werden darf

Viele Unternehmer setzen sich ambitionierte Ziele – mehr Umsatz, höhere Gewinne, motiviertere Mitarbeiter. Doch nur ein Bruchteil erreicht tatsächlich nachhaltiges Wachstum.

Warum?

Weil viele Unternehmen auf Sicht fahren, statt einen klaren, datenbasierten Wachstumsplan zu entwickeln. Sie optimieren willkürlich einzelne Bereiche, ohne das große Ganze zu betrachten.

Erfolg ist kein Zufall – sondern das Ergebnis einer detaillierten Analyse und strategischer Entscheidungen.

In Kapitel 3 haben Sie gelernt, wie Sie mit einem Schnell-Check erste Verbesserungspotenziale entdecken. Jetzt gehen wir einen Schritt weiter:

Was Sie in diesem Kapitel lernen:

1. Wie Sie mit einer Tiefenanalyse versteckte Wachstumsblockaden finden

2. Welche Schlüsselbereiche für eine skalierbare Wachstumsstrategie entscheidend sind

3. Wie Sie ein maßgeschneidertes Wachstumsprogramm für Ihr Unternehmen entwickeln

Sind Sie bereit, Ihr Unternehmen strategisch auf nachhaltiges Wachstum auszurichten? Dann lassen Sie uns starten!

4.1 Warum eine Tiefenanalyse unerlässlich ist

Viele Unternehmer glauben, sie kennen ihr Unternehmen in- und auswendig. Doch wenn ich in meinen Beratungen eine detaillierte Analyse durchführe, zeigen sich fast immer blinde Flecken, die vorher nicht erkannt wurden.

Häufige Denkfehler:

- „Unsere Prozesse sind effizient." → Aber in Wahrheit werden 30 % der Zeit mit unnötigen Tätigkeiten verschwendet.

- „Unsere Mitarbeiter sind motiviert." → Doch die Umfrage zeigt, dass 50 % unzufrieden sind.

- „Unsere Preise sind optimal." → Aber die Gewinnspanne ist viel zu gering und kann um 20-30 % gesteigert werden.

Deshalb brauchen Sie eine Tiefenanalyse.

Sie zeigt Ihnen genau, wo Ihr Unternehmen jetzt gerade steht und wo es optimiert werden kann.

4.2 Die 6 Schlüsselbereiche der Tiefenanalyse

Ein erfolgreiches Unternehmen basiert auf 6 entscheidenden Faktoren. Wenn auch nur einer dieser Bereiche schwach ist, wird das Wachstum gehemmt.

Die 6 Schlüsselbereiche für nachhaltiges Wachstum:

1. Prozesse & Effizienz – Wie gut sind Ihre Abläufe optimiert?

2. Mitarbeiter & Führung – Ist Ihr Team ein echter Wachstumsmotor?

3. Kunden & Vertrieb – Haben Sie eine skalierbare Verkaufsstrategie?

4. Finanzen & Gewinnoptimierung – Nutzen Sie alle Ertragsquellen?

5. Strategie & Skalierung – Gibt es einen klaren Wachstumsplan?

6. Markt & Wettbewerbsanalyse – Wissen Sie, wo Ihre größten Chancen liegen?

Lassen Sie uns jeden Bereich im Detail durchgehen.

4.3 Bereich 1: Prozesse & Effizienz – Der unsichtbare Gewinnkiller

Regel: „Unternehmen, die ihre Abläufe optimieren, steigern ihre Gewinne um bis zu 30 % – ohne mehr zu arbeiten."

Häufige Probleme in Unternehmen:

- **Doppelte Arbeit** → Mitarbeiter machen dasselbe, ohne es zu wissen

- **Fehlende Automatisierung** → Manuelle Prozesse kosten unnötig Zeit

- **Verzögerte Abläufe** → Kunden warten zu lange auf Angebote oder Lieferungen

Checkliste für die Tiefenanalyse:

✓ Gibt es dokumentierte, klare Abläufe für alle wichtigen Geschäftsprozesse?

✓ Werden regelmäßig Prozesse überprüft und optimiert?

✓ Sind digitale Tools im Einsatz, um Arbeit zu erleichtern?

Praxisbeispiel:

Ein Unternehmen aus der Industrie hatte hohe Produktionskosten und lange Lieferzeiten.

Lösung:

✓ Einführung eines Lean-Management-Systems
✓ Optimierung der Lieferkette → Kürzere Durchlaufzeiten

Ergebnis:

- ✓ Lieferzeiten um 40 % reduziert
- ✓ Produktionskosten um 18 % gesenkt
- ✓ Jährliche Einsparungen von 750.000 €

Ihr nächster Schritt:

Führen Sie einen Prozess-Audit durch!

4.4 Bereich 2: Mitarbeiter & Führung – Ihr größtes Kapital oder Ihr größtes Risiko?

Regel: „Motivierte Mitarbeiter sind der Schlüssel zu nachhaltigem Wachstum."

Typische Probleme:

- Hohe Fluktuation → Gute Mitarbeiter gehen, weil sie keine Entwicklung sehen

- Fehlendes Leadership → Führungskräfte sind keine echten Leader

- Geringe Produktivität → Mitarbeiter sind nicht engagiert

Checkliste für die Tiefenanalyse:

✓ Gibt es eine klare Führungsstrategie?
✓ Werden Mitarbeiter regelmäßig geschult?
✓ Gibt es ein leistungsbezogenes Bonussystem?

Praxisbeispiel:

Ein Unternehmen hatte das Problem, dass die besten Mitarbeiter nach wenigen Jahren gingen.

Lösung:

✓ Einführung eines Karriereentwicklungsprogramms
✓ Regelmäßige 1:1-Gespräche & Feedbacksysteme

Ergebnis:

✓ Fluktuation um 50 % gesenkt
✓ Produktivität um 27 % gesteigert
✓ Bessere Innovationskraft durch motivierte Teams

Ihr nächster Schritt:

Führen Sie eine Mitarbeiterumfrage durch!

4.5 Bereich 3: Kunden & Vertrieb – Die unterschätzte Gewinnquelle

Regel: „Bestandskunden bringen 5-mal mehr Gewinn als Neukunden."

Typische Probleme:

- Keine Wiederkäufe → Kunden kaufen nur einmal und kommen nicht zurück
- Kein Up- oder Cross-Selling → Es gibt keine Zusatzangebote
- Fehlende Kundenbindung → Keine strategischen Follow-ups

Checkliste für die Tiefenanalyse:

✓ Gibt es eine systematische Strategie für Bestandskunden?
✓ Nutzen Sie Cross-Selling & Upselling?
✓ Gibt es automatisierte Follow-ups?

Praxisbeispiel:
Ein Online-Shop hatte zwar viele Neukunden, aber kaum Wiederkäufe.

Lösung:
✓ Einführung eines VIP-Kundenprogramms
✓ Automatisierte E-Mail-Sequenzen für Nachkäufe

Ergebnis:

- ✓ Wiederkaufsrate um 62 % gestiegen
- ✓ Durchschnittlicher Warenkorbwert um 23 % erhöht
- ✓ Jährlicher Mehrgewinn von 400.000 €

Ihr nächster Schritt:

Entwickeln Sie ein Kundenbindungsprogramm!

4.6 Fazit: Die Tiefenanalyse ist der Schlüssel zu langfristigem Erfolg

Die wichtigsten Wachstumshebel zusammenge-fasst:

- Prozesse optimieren → Mehr Effizienz & weniger Kosten
- Mitarbeiter motivieren → Höhere Produktivität & Innovation
- Kundenbindung stärken → Mehr Umsatz mit Bestandskunden

Ihr nächster Schritt:

Führen Sie die Tiefenanalyse in Ihrem Unternehmen durch – oder lassen Sie sich professionell begleiten!

In Kapitel 5 erfahren Sie, wie Sie Ihr Unternehmen systematisch auf 8-stellige Umsätze skalieren können!

Kapitel 5: Die 360°-Transformation – In 9 Monaten zum skalierbaren Unternehmen

Warum die meisten Unternehmen nie ihr volles Potenzial

entfalten

Viele Unternehmen bleiben weit unter ihren Möglichkeiten, selbst wenn sie profitabel sind. Sie wachsen langsam, kämpfen mit ineffizienten Prozessen oder stagnieren nach einer gewissen Umsatzhöhe.

Doch warum schaffen es manche Unternehmen, innerhalb weniger Monate exponentielles Wachstum zu erreichen, während andere Jahre brauchen, um sich nur minimal weiterzuentwickeln?

Die Antwort ist klar:

Weil sie ein strukturiertes, datenbasiertes Wachstumsprogramm nutzen.

Was bedeutet die 360°-Transformation?

Die 360°-Transformation ist ein Schritt-für-Schritt-System, mit dem Unternehmen innerhalb von 9 Monaten alle entscheidenden Wachstumsfaktoren optimieren, um:

- Skalierbare Prozesse zu entwickeln
- Mitarbeiter in High-Performer zu verwandeln
- Den Gewinn nachhaltig zu maximieren

In diesem Kapitel lernen Sie:

1. Wie Sie Ihr Unternehmen von innen heraus transformieren – mit messbaren Ergebnissen
2. Welche 5 Wachstumsphasen entscheidend sind, um langfristig auf 8-stellige Umsätze zu skalieren
3. Warum viele Unternehmer in der Skalierung scheitern – und wie Sie diese Fehler vermeiden

Sind Sie bereit für den nächsten Schritt?

Dann lassen Sie uns starten!

5.1 Warum viele Unternehmen trotz Wachstum scheitern

Viele Unternehmen erreichen eine Umsatzgrenze, an der das Wachstum plötzlich stagniert. Sie generieren stabile Einnahmen, aber kommen einfach nicht über eine gewisse Schwelle hinaus.

Typische Probleme in dieser Phase:

- Führungskräfte sind überlastet, weil sie nicht delegieren
- Mitarbeiter sind nicht richtig eingebunden, wodurch Produktivität verloren geht
- Kundenbindung wird vernachlässigt, wodurch wertvolle Umsätze entgehen
- Die Prozesse sind nicht skalierbar, wodurch das Wachstum ausgebremst wird

Fehler Nr. 1:

Viele Unternehmer versuchen, einfach „noch mehr zu tun", anstatt smarter zu arbeiten.

Die Lösung:

Unternehmen müssen ein strukturiertes Skalierungssystem entwickeln, das in mehreren Phasen implementiert wird.

5.2 Die 5 Phasen der 360°-Transformation

Die 360°-Transformation durchläuft 5 entscheidende Phasen, die systematisch umgesetzt werden müssen:

Phase 1: Status-Analyse & Engpass-Erkennung
Phase 2: Prozessoptimierung & Automatisierung

Phase 3: High-Performance-Führung &
Mitarbeitermotivation
Phase 4: Gewinnmaximierung & Umsatzsteigerung
Phase 5: Skalierung & langfristige Stabilität

Lassen Sie uns nun jede dieser Phasen ausführlich betrachten.

Phase 1: Status-Analyse & Engpass-Erkennung

Ziel: Eine detaillierte Standortbestimmung – Wo steht Ihr Unternehmen aktuell?

Die wichtigsten Fragen:

- Wo verlieren Sie am meisten Zeit & Geld?
- Welche Prozesse sind nicht effizient?
- Wie ist die Stimmung und Produktivität im Team?
- Wie hoch ist die Kundenbindung & Wiederkaufsrate?

Schritt-für-Schritt-Anleitung zur Analyse:

1. Prozesse & Strukturen bewerten: Sind Ihre Abläufe wirklich effizient?
2. Finanzen durchleuchten: Wo gibt es ungenutztes Umsatzpotenzial?

3. Mitarbeiter befragen: Sind Ihre Mitarbeiter motiviert und leistungsfähig?
4. Kundendaten analysieren: Wie loyal sind Ihre Kunden?

Praxisbeispiel:

Ein mittelständisches Bauunternehmen stagnierte bei 7 Mio. € Umsatz und hatte Schwierigkeiten, weiter zu wachsen.

Analyse zeigte:

- Die Geschäftsführung war in zu viele operative Prozesse eingebunden
- Materialverschwendung und ineffiziente Bestellprozesse führten zu hohen Kosten
- Es gab kein strategisches Kundenbindungsprogramm

Lösung:

✔ Prozesse gestrafft & delegiert

✔ Bestellprozesse automatisiert

✔ Kundenbindungsmaßnahmen eingeführt

Ergebnis:

✓ Materialkosten um 15 % reduziert

✓ Produktivität um 23 % gesteigert

✓ Umsatzsprung von 7 auf 10 Mio. € in 8 Monaten

Ihr nächster Schritt:

Machen Sie eine ehrliche Analyse, um Ihre Engpässe zu erkennen!

Phase 2: Prozessoptimierung & Automatisierung

Regel: „Ein Unternehmen wächst nur so schnell, wie seine Prozesse es erlauben."

Wichtige Fragen für diese Phase:

- Wo können Abläufe standardisiert werden?
- Welche Tätigkeiten lassen sich automatisieren?
- Wie kann der Verwaltungsaufwand reduziert werden?

Praxisbeispiel:
Ein E-Commerce-Unternehmen hatte zu langsame Bestellabwicklungen, weil alles manuell bearbeitet wurde.

Lösung:
✓ Einführung eines automatisierten CRM-Systems
✓ Logistikprozesse optimiert, um Versandzeiten zu verkürzen

Ergebnis:

✓ Bearbeitungszeit von 48 auf 12 Stunden verkürzt

✓ Umsatzsteigerung von 28 %, da Kunden schneller beliefert wurden

Ihr nächster Schritt:

Prüfen Sie Ihre Prozesse auf Automatisierungsmöglichkeiten!

Phase 3: High-Performance-Führung & Mitarbeitermotivation

Regel: „Ihr Unternehmen ist nur so stark wie Ihr Team."

Wichtige Maßnahmen:

- Schulung & Coaching für Führungskräfte
- Einführung von leistungsabhängigen Bonusmodellen
- Klare Zielvereinbarungen für Mitarbeiter

Praxisbeispiel:

Ein Unternehmen hatte das Problem, dass gute Mitarbeiter schnell kündigten.

Lösung:

✓ Einführung eines Mitarbeiterentwicklungsprogramms
✓ Monatliche Feedbackgespräche & Leistungsanreize

Ergebnis:

- ✓ Mitarbeiterzufriedenheit um 47 % gestiegen
- ✓ Produktivitätssteigerung von 35 %

Ihr nächster Schritt:

Bauen Sie eine starke Führungskultur auf!

Phase 4: Gewinnmaximierung & Umsatzsteigerung

Regel: „Mehr Umsatz ist nicht gleich mehr Gewinn – Profitabilität entscheidet."

3 Schlüsselstrategien zur Gewinnmaximierung:

1. Preisstrategie optimieren → Viele Unternehmen berechnen zu niedrige Preise
2. Cross-Selling & Upselling nutzen → Durchschnittlicher Warenkorbwert steigern
3. Kosten senken, ohne Qualität zu verlieren

Praxisbeispiel:

Ein Software-Unternehmen erhöhte den Preis um 15 % – und steigerte trotzdem die Kundenanzahl!

Ergebnis:

- ✓ Umsatzsteigerung von 32 % in 6 Monaten

Ihr nächster Schritt:

Überprüfen Sie Ihre Preisstrategie & Ertragsquellen!

Phase 5: Skalierung & langfristige Stabilität

In dieser Phase wird Ihr Unternehmen auf nachhaltiges Wachstum ausgerichtet.

Maßnahmen für langfristigen Erfolg:

- Systematisierung aller Prozesse
- Skalierbare Marketing- und Vertriebsstrategien
- Nachhaltige Unternehmenskultur & Innovationskraft fördern

Ihr nächster Schritt:

Bauen Sie ein skalierbares Geschäftsmodell auf!

Fazit: Die 360°-Transformation bringt Ihr Unternehmen auf das nächste Level

9 Monate – 5 Phasen – 1 nachhaltige Transformation!

Jetzt Ihr kostenloses Erstgespräch sichern:

https://www.akademie-fsl.de/business-tester/

In Kapitel 6 erfahren Sie, wie Sie Ihren Erfolg langfristig messen & kontinuierlich optimieren!

Kapitel 6: Erfolg messbar machen – Wie Sie Ihre Fortschritte langfristig überwachen und kontinuierlich optimieren

Warum Unternehmen scheitern, wenn sie ihren Erfolg

nicht messen

Viele Unternehmer investieren Zeit, Geld und Energie in die Verbesserung ihrer Geschäftsprozesse, Mitarbeiterführung und Kundenstrategien – doch nach wenigen Monaten stellen sie fest, dass sich nichts nachhaltig verändert hat.

Warum?

Weil sie ihren Fortschritt nicht **messbar** machen.

Ohne klare Erfolgskennzahlen kann kein Unternehmen langfristig wachsen.

Die Realität:

- 90 % der Unternehmer setzen sich keine klar definierten Wachstumsziele.
- 80 % der Unternehmen messen ihren Erfolg nicht systematisch.
- 50 % der Führungskräfte treffen Entscheidungen auf Basis von Bauchgefühl statt Daten.

Die Lösung:

Erfolg muss sichtbar, messbar und kontrollierbar sein. Nur so kann ein Unternehmen langfristig optimiert und skaliert werden.

Was Sie in diesem Kapitel lernen:

- Wie Sie ein effektives Controlling-System in Ihrem Unternehmen etablieren
- Welche Schlüssel-KPIs (Key Performance Indicators) für Wachstum entscheidend sind
- Wie Sie Fehlentwicklungen frühzeitig erkennen und korrigieren
- Wie Sie eine Kultur der kontinuierlichen Verbesserung schaffen

Sind Sie bereit, Ihren Erfolg systematisch zu steuern?

Dann lassen Sie uns starten!

6.1 Warum Erfolg nur durch Messbarkeit langfristig bleibt

In meinen über **30 Jahren Erfahrung** habe ich eines immer wieder beobachtet:

Erfolgreiche Unternehmen arbeiten datengetrieben – erfolglose Unternehmen arbeiten instinktiv.

Ein Unternehmen kann noch so gute Strategien entwickeln – wenn es keine klaren Messpunkte gibt, kann es seine Fortschritte nicht bewerten.

Das Problem:

- Unternehmer denken, ihr Unternehmen wächst, aber haben keine konkreten Zahlen dazu.
- Führungskräfte schätzen die Produktivität ihrer Mitarbeiter falsch ein, weil keine messbaren Ziele existieren.
- Vertriebs- und Marketingstrategien werden nach Gefühl angepasst, ohne zu wissen, welche Maßnahmen wirklich wirken.

Die Lösung:

Klare Erfolgskennzahlen (KPIs) festlegen und regelmäßig überprüfen.

6.2 Die 5 entscheidenden Erfolgsbereiche und ihre

Messgrößen

Ein Unternehmen besteht aus vielen Teilbereichen – aber nur 5 davon sind wirklich entscheidend für nachhaltiges Wachstum.

Die 5 wichtigsten Erfolgsbereiche & ihre KPIs:

1. Finanzielle Leistung → Wie profitabel ist Ihr Unternehmen wirklich?
2. Prozess- & Betriebseffizienz → Wie effizient arbeiten Sie?
3. Mitarbeiterleistung & Motivation → Wie produktiv ist Ihr Team?
4. Kundenbindung & Vertrieb → Wie loyal sind Ihre Kunden?
5. Wachstums- & Skalierbarkeitspotenzial → Ist Ihr Unternehmen zukunftssicher?

Lassen Sie uns nun jeden Bereich im Detail durchgehen.

6.3 Erfolgsbereich 1: Finanzielle Leistung – Ihr Gewinn ist Ihr Scoreboard

Regel: „Umsatz ist ein Indikator – Gewinn ist das echte Maß für Erfolg."

Viele Unternehmen fokussieren sich nur auf steigende Umsätze. Doch Wachstum ohne Kontrolle kann zu sinkender Profitabilität führen.

Wichtige KPIs zur finanziellen Kontrolle:

- ✓ Gewinnmarge (%) → Wie viel bleibt vom Umsatz als Gewinn?
- ✓ Liquiditätsquote → Haben Sie genug freie Mittel für Investitionen?
- ✓ Fixkostenanteil (%) → Wie hoch sind Ihre fixen Betriebsausgaben?
- ✓ Kundengewinnungskosten (CAC) → Wie viel kostet Sie ein neuer Kunde?

Praxisbeispiel:

Ein mittelständischer Handwerksbetrieb steigerte seinen Umsatz von 3 Mio. € auf 4,5 Mio. €, aber am Jahresende war der Gewinn gesunken.

Analyse ergab:

- Höhere Material- und Personalkosten, ohne Preissteigerungen
- Zu hohe Fixkosten durch ungenutzte Büroflächen

Lösung:

✓ Preisstrategie angepasst → Durchschnittlicher Auftragswert um 18 % erhöht

✓ Büroflächen reduziert → 15 % weniger Fixkosten

Ergebnis:

- Umsatz blieb konstant, aber Gewinn stieg um 22 %.

Ihr nächster Schritt:

Prüfen Sie Ihre fixen & variablen Kosten regelmäßig!

6.4 Erfolgsbereich 2: Prozesse & Betriebseffizienz – Wie produktiv arbeitet Ihr Unternehmen?

Regel: „Verschwendung ist der größte Gewinnkiller."

Typische Engpässe in ineffizienten Unternehmen:

- Mitarbeiter verbringen 30-50 % ihrer Zeit mit unnötigen Aufgaben.
- Projekte dauern zu lange, weil Prozesse nicht klar definiert sind.
- Meetings rauben wertvolle Zeit, ohne konkrete Ergebnisse zu liefern.

Effizienz-KPIs zur Messung der Prozessqualität:

- ✓ Durchschnittliche Bearbeitungszeit pro Auftrag
- ✓ Fehlerquote in der Produktion oder im Service
- ✓ Zeitaufwand pro Geschäftsprozess
- ✓ Kundenzufriedenheitswerte bzgl. Reaktionszeiten

Praxisbeispiel:

Ein Logistikunternehmen hatte das Problem, dass Lieferungen oft zu spät ankamen, was Kunden verärgerte.

Analyse zeigte:

- Mitarbeiter nutzten keine standardisierten Routenpläne
- Fehlende Digitalisierung der Logistikplanung

Lösung:

✓ Einführung eines automatisierten Planungssystems

✓ Neustrukturierung der Logistikrouten

Ergebnis:

- Lieferzeiten um 35 % gesenkt
- Kundenzufriedenheit um 50 % gestiegen

Ihr nächster Schritt: Führen Sie eine Effizienz-Analyse Ihrer wichtigsten Prozesse durch!

6.5 Erfolgsbereich 3: Mitarbeiterleistung & Motivation –

Sind Ihre Teams wirklich produktiv?

Regel: „Ein zufriedenes Team arbeitet doppelt so effizient."

Typische Probleme:

- Hohe Fluktuation → Fachkräfte verlassen das Unternehmen
- Niedrige Produktivität → Mitarbeiter sind unmotiviert
- Hohe Krankheitsraten → Belastung durch schlechtes Betriebsklima

Wichtige KPIs zur Mitarbeitermotivation:

- ✓ Fluktuationsrate (%) → Wie viele Mitarbeiter verlassen Ihr Unternehmen?
- ✓ Durchschnittliche Krankheitstage pro Mitarbeiter
- ✓ Produktivitätsrate pro Abteilung
- ✓ Mitarbeiterzufriedenheitsindex (MSI)

Praxisbeispiel:

Ein IT-Unternehmen verlor innerhalb eines Jahres 30 % seiner besten Mitarbeiter.

Analyse ergab:

- Keine Entwicklungsmöglichkeiten für Talente
- Führungskräfte gaben zu wenig Feedback

Lösung:

✓ Einführung unseres Mentoring-Programms
✓ Monatliche Feedbackgespräche eingeführt

Ergebnis:

- ✓ Fluktuation um 45 % gesenkt
- ✓ Mitarbeiterzufriedenheit um 60 % gestiegen

Ihr nächster Schritt:

Führen Sie eine Mitarbeiterzufriedenheits-Umfrage durch!

6.6 Fazit: Erfolg muss gesteuert werden

Erfolgreiche Unternehmen setzen auf datenbasiertes Wachstum:

- ✓ Finanzielle Kennzahlen analysieren & optimieren
- ✓ Prozesse kontinuierlich verbessern
- ✓ Mitarbeiter aktiv einbinden & motivieren

Ihr nächster Schritt:

Erstellen Sie Ihr eigenes KPI-Dashboard – oder lassen Sie sich professionell begleiten!

Jetzt kostenloses Erstgespräch sichern:

https://www.akademie-fsl.de/business-tester/

In Kapitel 7 erfahren Sie, wie Sie langfristig Marktführer in Ihrer Branche werden können!

Kapitel 7: Wie Sie Marktführer in Ihrer Branche werden – Die Strategie für langfristige Dominanz

Warum nur wenige Unternehmen wahre Marktführer werden

Viele Unternehmen träumen davon, die Nummer 1 in ihrer Branche zu werden – doch nur wenige erreichen dieses Ziel.

Warum?

Marktführer zu werden bedeutet mehr als nur hohe Umsätze. Es erfordert eine strategische Positionierung, absolute Exzellenz in den Abläufen und die Fähigkeit, sich kontinuierlich anzupassen und weiterzuentwickeln.

Warum scheitern die meisten Unternehmen?

- Sie kopieren bestehende Marktführer, anstatt eine eigene Positionierung zu entwickeln.
- Sie fokussieren sich zu stark auf kurzfristige Gewinne anstatt auf langfristige Strategien.
- Sie reagieren nur, anstatt proaktiv den Markt zu gestalten.

Die gute Nachricht: Marktführerschaft ist kein Zufall – sie kann strategisch erarbeitet werden.

Was Sie in diesem Kapitel lernen:

- Die 7 entscheidenden Prinzipien echter Marktführer
- Wie Sie sich einzigartig positionieren und von Wettbewerbern abheben
- Wie Sie ein Unternehmen aufbauen, das langfristig nicht nur überlebt, sondern dominiert
- Die größten Fehler, die Unternehmen davon abhalten, Marktführer zu werden – und wie Sie sie vermeiden

Sind Sie bereit, die Nummer 1 in Ihrer Branche zu werden?

Dann starten wir!

7.1 Was wahre Marktführer ausmacht

Was unterscheidet Marktführer von durchschnittlichen Unternehmen?

Viele Unternehmer glauben, dass Marktführerschaft bedeutet, den höchsten Umsatz oder die meisten Kunden zu haben. Doch das ist nur ein kleiner Teil der Wahrheit.

Wahre Marktführer zeichnen sich durch 7 Prinzipien aus:

1. Einzigartige Positionierung – Sie bieten etwas, das niemand sonst hat.
2. Maximale Kundenbindung – Ihre Kunden bleiben ihnen treu.
3. Operational Excellence – Ihre Prozesse sind schneller und effizienter als die der Konkurrenz.
4. Innovationskraft – Sie gestalten den Markt, anstatt ihm zu folgen.
5. Klare Führungsstrukturen – Sie haben ein starkes Führungsteam.
6. Langfristige Denkweise – Sie setzen nicht auf kurzfristige Gewinne, sondern auf nachhaltiges Wachstum.
7. Datenbasierte Entscheidungen – Sie optimieren ständig auf Basis realer Zahlen.

Lassen Sie uns nun jedes dieser Prinzipien im Detail durchgehen.

7.2 Prinzip 1: Einzigartige Positionierung – Die Konkurrenz irrelevant machen

Regel: „Wenn Sie mit Ihren Wettbewerbern konkurrieren müssen, sind Sie nicht einzigartig genug."

Die meisten Unternehmen kämpfen um Marktanteile, anstatt sich so zu positionieren, dass sie keine direkte Konkurrenz haben.

Die 3 Schritte zur einzigartigen Positionierung:

1. Finden Sie Ihr „Category of One"-Merkmal
Was macht Sie einzigartig in Ihrer Branche? Gibt es ein Leistungsmerkmal, das keiner Ihrer Wettbewerber bietet?

2. Entwickeln Sie eine messerscharfe Botschaft
Ihre Kunden müssen auf den ersten Blick verstehen, warum Sie die beste Wahl sind.

3. Bauen Sie eine unverwechselbare Marke auf
Marktführer sind nicht nur Unternehmen – sie sind eine Bewegung, eine Identität, ein Versprechen.

Praxisbeispiel:

Ein Coaching-Unternehmen positionierte sich nicht nur als „Business-Coach", sondern als DER High-Performance-Coach für 8-stellige Unternehmer.

Ergebnis:

✓ Klarere Zielgruppe → Höhere Abschlussquote
✓ Premium-Preisstrategie → Höhere Margen & treuere Kunden

Ihr nächster Schritt:

Entwickeln Sie ein einzigartiges „Category of One"-Merkmal!

7.3 Prinzip 2: Maximale Kundenbindung – Kunden in Fans

verwandeln

Regel: „Ein Unternehmen wächst nicht durch Neukunden, sondern durch bestehende Kunden."

Die größten Unternehmen der Welt haben nicht die meisten Kunden – sondern die loyalsten.

1. Die 3 Geheimnisse maximaler Kundenbindung:
2. Emotionale Verbindung schaffen
   Kunden bleiben treu, wenn sie sich mit Ihrer Marke identifizieren können.
3. Überdurchschnittlichen Service bieten
   Marktführer liefern mehr, als der Kunde erwartet.

4. Kundendaten intelligent nutzen
Die besten Unternehmen wissen genau, was ihre Kunden wollen, bevor diese es selbst wissen.

Praxisbeispiel:

Ein Premium-Fitnessstudio führte ein VIP-Kundenprogramm mit exklusiven Events & Angeboten ein.

Ergebnis:

✓ Kundenbindungsrate um 70 % gestiegen
✓ Neukundenakquise um 40 % reduziert (weil Bestandskunden mehr empfahlen)

Ihr nächster Schritt:

Entwickeln Sie ein strategisches Kundenbindungsprogramm!

7.4 Prinzip 3: Operational Excellence – Der unsichtbare

Wettbewerbsvorteil

Regel: „Der schnellste und effizienteste Anbieter gewinnt immer."

3 Hebel zur Perfektionierung Ihrer Abläufe:

- Automatisierung & Technologie nutzen - Marktführer setzen konsequent auf digitale Prozesse & KI-gestützte Automatisierungen.
- Lean-Management-Prinzipien anwenden - Alles, was nicht zum Wachstum beiträgt, wird eliminiert.
- Kontinuierliche Prozessverbesserung (KVP) - Exzellente Unternehmen hinterfragen & optimieren ständig ihre Abläufe.

Praxisbeispiel:

Ein Logistikunternehmen reduzierte durch automatisierte Routenplanung seine Lieferzeiten um 30 %.

Ergebnis:

- ✓ 20 % höhere Kundenzufriedenheit
- ✓ 30 % geringere Kosten in der Logistik

Ihr nächster Schritt:

Identifizieren Sie Ihre größten Effizienzbremsen und eliminieren Sie sie!

7.5 Prinzip 4: Innovationskraft – Den Markt aktiv gestalten

Regel: „Wirklich erfolgreiche Unternehmen erfinden den Markt neu."

Marktführer warten nicht auf Veränderungen – sie treiben sie aktiv voran.

3 Strategien für mehr Innovationskraft:

1. Kundenfeedback gezielt nutzen
Marktführer hören auf ihre Kunden – und setzen das Feedback in neue Lösungen um.

2. Experimentierkultur etablieren
Unternehmen, die ständig testen & optimieren, wachsen schneller.

3. Partnerschaften & Kooperationen eingehen
Innovation entsteht oft durch Zusammenarbeit mit anderen Branchenführern.

Praxisbeispiel:

Ein Software-Unternehmen führte jährliche Innovations-Workshops mit Kunden & Partnern durch.

Ergebnis:

✓ 3 neue Produkte entwickelt, die den Umsatz um 40 % steigerten

Ihr nächster Schritt:

Entwickeln Sie ein Innovationssystem, das regelmäßig neue Ideen hervorbringt!

7.6 Fazit: Marktführerschaft ist eine Entscheidung

Die 5 Schritte zur Marktführerschaft zusammengefasst:

- ✓ Einzigartige Positionierung schaffen
- ✓ Maximale Kundenbindung aufbauen
- ✓ Effizienz & Geschwindigkeit perfektionieren
- ✓ Den Markt aktiv mit Innovationen gestalten
- ✓ Langfristig denken & handeln

Ihr nächster Schritt:

Entwickeln Sie eine klare Strategie zur Marktführerschaft – oder lassen Sie sich professionell begleiten!

In Kapitel 8 erfahren Sie, wie Sie Ihr Unternehmen auf Autopilot setzen und langfristig wachsen!

Bonus-Idee für mehr Kunden-Generierung – Die ultimative Strategie zur dauerhaften Kundengewinnung

Warum die meisten Unternehmen mit Kundengewinnung kämpfen

Viele Unternehmen haben ein großartiges Produkt oder eine starke Dienstleistung – und dennoch fehlt es ihnen an einer stetigen Pipeline neuer Kunden.

Häufige Probleme bei der Kundengewinnung:

- Zu wenige qualifizierte Anfragen
- Zu hohe Werbekosten bei niedriger Conversion
- Kunden kaufen einmal, aber kommen nicht wieder
- Fehlende Differenzierung von der Konkurrenz

Die Wahrheit:

Die erfolgreichsten Unternehmen kämpfen nicht um Kunden – die Kunden kommen zu ihnen.

Was Sie in diesem Kapitel lernen:

- ✓ Die 5 Schlüsselprinzipien für eine automatische Kundengewinnungsstrategie
- ✓ Wie Sie eine Lead-Maschine aufbauen, die rund um die Uhr arbeitet

✓ Wie Sie durch strategische Positionierung von selbst Kunden anziehen

✓ Die besten Methoden aus der Praxis, mit denen Unternehmen ihre Kundenbasis verdoppelt haben

Sind Sie bereit, eine nachhaltige Strategie für die Kundengewinnung aufzubauen?

Dann legen wir los!

1. Die 5 Schlüsselprinzipien für eine unerschöpfliche Kundenquelle

Die meisten Unternehmer verlassen sich auf kurzfristige Werbemaßnahmen, um Kunden zu gewinnen.

Doch echte Marktführer bauen Systeme auf, die Kunden automatisch generieren.

Hier sind die 5 entscheidenden Prinzipien für nachhaltige Kundengewinnung:

1 Kundengewinnung beginnt mit einer klaren Positionierung

2 Ein unwiderstehliches Angebot macht Kunden zu Käufern

3 Automatisierte Lead-Generierung sorgt für dauerhaften Zustrom neuer Anfragen

4 Ein systematisierter Verkaufsprozess erhöht die Abschlussquote

5 Langfristige Kundenbindung maximiert den Lebenszeitwert eines Kunden

Lassen Sie uns diese Prinzipien nun detailliert durchgehen.

2. Klare Positionierung: Die Grundlage für eine starke Kundengewinnung

Regel: „Wer für alle da ist, ist für niemanden relevant."

Die meisten Unternehmen haben kein scharfes Profil. Sie versuchen, zu viele Zielgruppen gleichzeitig anzusprechen, was dazu führt, dass sie austauschbar wirken.

Die Lösung:

Spezialisierung & Differenzierung

Die 3 Schritte zur perfekten Positionierung:

1. Finden Sie Ihre profitabelste Zielgruppe

- Welche Kunden bringen die höchsten Umsätze und sind am loyalsten?
- Wer hat den größten Schmerzpunkt, den Sie lösen können?

2. Entwickeln Sie eine einzigartige Wertbotschaft

- Warum sollte ein Kunde sich für Sie entscheiden und nicht für die Konkurrenz?
- Können Sie eine einprägsame Ein-Satz-Formulierung entwickeln, die Ihren USP verdeutlicht?

3. Klären Sie Ihre Preisstrategie

- Marktführer setzen klare Premium-Preise, die ihr Angebot wertvoll erscheinen lassen.

Praxisbeispiel:

Ein Unternehmensberater war zunächst für alle Unternehmer da. Nach der Positionierung fokussierte er sich nur noch auf 6-stellige Unternehmen, die auf 7-stellige Umsätze skalieren wollten.

Ergebnis:

- 300 % mehr qualifizierte Anfragen
- Deutlich höhere Abschlussquote, weil er die „richtigen" Kunden ansprach

Ihr nächster Schritt:

Formulieren Sie Ihre Ein-Satz-Positionierung!

3. Ein unwiderstehliches Angebot erstellen

Regel: „Ihr Angebot muss so gut sein, dass Kunden sich selbst überzeugen."

Die meisten Unternehmen haben ein gutes Produkt – aber kein Angebot, das Kunden sofort begeistert.

Die 3 Bestandteile eines unwiderstehlichen Angebots:

1 Klare Transformation statt Produktbeschreibung
Kunden wollen kein Produkt, sondern eine Lösung für ihr Problem.

2 Glaubwürdige Beweise für Ergebnisse
Testimonials, Fallstudien, Zahlen – alles, was Vertrauen schafft.

3   Ein „No-Brainer"-Angebot mit geringem Risiko
    Geld-zurück-Garantie, Probemonat, exklusive Boni –
    alles, was den Kauf vereinfacht.

Praxisbeispiel:

Ein Online-Coaching-Unternehmen hatte Probleme,
Kunden für ein 3.000-€-Programm zu gewinnen.

Lösung:

✓ Anstatt nur „Business-Coaching" anzubieten, wurde
das Programm in 3 konkrete Wachstumsstufen
unterteilt.

✓ Ein „Erfolgsgarantie-Modell" eingeführt: Wenn kein
Ergebnis erzielt wurde, gab es eine kostenlose
Verlängerung.

Ergebnis:

- ✓   Abschlussquote stieg um **45 %**
- ✓   Mehr Empfehlungen durch zufriedene Kunden

Ihr nächster Schritt:

Optimieren Sie Ihr Angebot so, dass es Kunden begeistert!

4. Automatisierte Lead-Generierung aufbauen

Regel: „Erfolgreiche Unternehmen haben jeden Tag neue Anfragen – ohne Kaltakquise."

Die besten Methoden für eine automatisierte Kundengewinnung:

1. Content-Marketing: Der Magnet für qualifizierte Kunden. Erstellen Sie hochwertige Inhalte (Blog, Videos, Social Media), die gezielt Ihre Zielgruppe ansprechen.

2. Social Selling: Kunden gewinnen über LinkedIn & Co. Nutzen Sie strategisches Networking, um mit Entscheidern ins Gespräch zu kommen.

3. Automatisierte Werbesysteme
Skalieren Sie Ihre Reichweite durch gezielte Online-Anzeigen (Facebook Ads, Google Ads).

Praxisbeispiel:

Ein Finanzberater nutzte LinkedIn gezielt, um CEOs von Mittelstandsunternehmen zu kontaktieren.

Ergebnis:

- ✓ 20 qualifizierte Anfragen pro Monat ohne Kaltakquise

✓ Verdopplung der Neukunden innerhalb von 6 Monaten

Ihr nächster Schritt:

Automatisieren Sie Ihre Lead-Generierung!

5. Systematisierter Verkaufsprozess: Kunden effizient abschließen

Regel: „Ein gut strukturierter Verkaufsprozess verdoppelt die Abschlussquote."

Die 4 Phasen eines erfolgreichen Verkaufsprozesses:

1. Lead-Qualifizierung: Nur mit potenziellen Top-Kunden sprechen.
2. Problem-Orientierte Beratung: Kunden dort abholen, wo sie stehen.
3. Angebotspräsentation mit klarer Transformation.
4. Einwandbehandlung & direkter Abschluss.

Praxisbeispiel:

Ein IT-Dienstleister hatte eine niedrige Abschlussquote von 15 %. Nach Einführung eines strukturierten Verkaufsprozesses stieg sie auf **42 %**.

Ihr nächster Schritt:

Optimieren Sie Ihren Verkaufsprozess!

Fazit: Kundengewinnung darf kein Zufall sein

Die wichtigsten Erfolgsstrategien zusammengefasst:

- ✓ Klare Positionierung schaffen

- ✓ Ein unwiderstehliches Angebot entwickeln

- ✓ Automatisierte Lead-Generierung aufbauen

- ✓ Systematischen Verkaufsprozess etablieren

- ✓ Langfristige Kundenbindung maximieren

Ihr nächster Schritt:

Implementieren Sie mindestens eine dieser Strategien noch heute – oder lassen Sie sich professionell begleiten!

Jetzt kostenloses Erstgespräch sichern:

https://www.akademie-fsl.de/business-tester/

In der nächsten Bonus-Idee erfahren Sie, wie Sie sich als Branchenexperte positionieren!

Kapitel 8: Checklisten für nachhaltigen Unternehmenserfolg – Ihr praktischer Fahrplan zur Umsetzung

Warum Checklisten der Schlüssel zur erfolgreichen

Umsetzung sind

Viele Unternehmen haben großartige Strategien – aber scheitern an der Umsetzung.

Warum?

- Zu viele Unternehmer verlassen sich auf ihr Gedächtnis, anstatt klare Prozesse zu dokumentieren.
- Ohne feste Routinen und Strukturen werden wichtige Aufgaben vergessen oder aufgeschoben.
- Ohne klare Erfolgskriterien können Fortschritte nicht überprüft werden.

Die Lösung:

✓ Klare **Checklisten** für alle erfolgskritischen Bereiche des Unternehmens.

Was Sie in diesem Kapitel lernen:

✓ Die 10 entscheidenden Checklisten für nachhaltiges Wachstum

✓ Wie Sie Klarheit & Struktur in Ihr Unternehmen bringen
✓ Wie Sie mit Standardprozessen Zeit sparen und Fehler vermeiden
✓ Wie Sie sicherstellen, dass Ihre Mitarbeiter selbstständig produktiv arbeiten

Sind Sie bereit, Ihr Unternehmen mit Checklisten auf das nächste Level zu heben?

Dann starten wir!

8.1 Warum erfolgreiche Unternehmen mit Checklisten arbeiten

Hochperformante Unternehmen haben ein gemeinsames Geheimnis: Sie verlassen sich nicht auf Erinnerungen, sondern auf Systeme und Standards.

Die 4 größten Vorteile von Checklisten:

1. Konsistenz und Wiederholbarkeit
   Jeder Mitarbeiter arbeitet nach den gleichen bewährten Prozessen – Qualitätsstandards bleiben konstant hoch.

2. Fehlerminimierung
   Wichtige Aufgaben werden nicht mehr übersehen
   oder vergessen.

3. Zeiteinsparung
   Klare Abläufe sparen bis zu 40 % der Zeit, die sonst
   für Improvisation draufgeht.

4. Schnellere Skalierung
   Prozesse lassen sich einfach duplizieren und an
   neue Mitarbeiter übergeben.

Lassen Sie uns nun die wichtigsten Checklisten
durchgehen, die Ihr Unternehmen systematisch nach
vorne bringen.

8.2 Die 10 wichtigsten Checklisten für nachhaltigen

Unternehmenserfolg

**Hier sind die 10 entscheidenden Checklisten für
skalierbares Wachstum:**

1. Checkliste: Unternehmens-Analyse – Wo steht Ihr
   Unternehmen wirklich?

2. Checkliste: Effizienz & Prozessoptimierung

3. Checkliste: Erfolgreiches Mitarbeiter-Management & Führung

4. Checkliste: Kundenbindung & Verkaufspsychologie

5. Checkliste: Preisstrategie & Gewinnmaximierung

6. Checkliste: Automatisierung & Digitalisierung

7. Checkliste: Social Selling & Neukundengewinnung

8. Checkliste: Skalierung & Unternehmenswachstum

9. Checkliste: Finanzplanung & Liquiditätskontrolle

10. Checkliste: Persönliche High-Performance-Routine für Unternehmer

Lassen Sie uns nun jede dieser Checklisten im Detail durchgehen.

1. Checkliste: Unternehmens-Analyse – Wo steht Ihr

Unternehmen wirklich?

Ziel: Eine realistische Standortbestimmung, um klare Verbesserungspotenziale zu identifizieren.

- ✓ Haben Sie eine klare Vision und Strategie für die nächsten 12-24 Monate?
- ✓ Sind Ihre Ziele messbar & realistisch formuliert?
- ✓ Haben Sie Ihre Kernprobleme (Prozesse, Führung, Vertrieb, Finanzen) identifiziert?
- ✓ Haben Sie KPIs (Key Performance Indicators) definiert, um Fortschritte zu messen?
- ✓ Wissen Sie, wo Ihr Unternehmen in 5 Jahren stehen soll?

Ihr nächster Schritt:

Falls Sie diese Punkte nicht mit „Ja" beantworten können, starten Sie mit einer detaillierten Unternehmensanalyse.

2. Checkliste: Effizienz & Prozessoptimierung

Ziel: Zeitfresser eliminieren und Abläufe verschlanken.

- ✓ Gibt es schriftlich dokumentierte Standardprozesse für alle wiederkehrenden Abläufe?
- ✓ Werden langsame und ineffiziente Prozesse regelmäßig überprüft & verbessert?
- ✓ Haben Sie eine automatisierte Workflows für wiederkehrende Aufgaben?

✓ Nutzen Sie ein Projektmanagement-Tool zur klaren Aufgabenverteilung?
✓ Werden alle Meetings protokolliert und optimiert, um Zeit zu sparen?

Ihr nächster Schritt:

Führen Sie einen monatlichen Effizienz-Check durch, um kontinuierlich zu optimieren.

3. Checkliste: Erfolgreiches Mitarbeiter-Management & Führung

Ziel: Ein hochmotiviertes und produktives Team.

✓ Haben Ihre Mitarbeiter klare Ziele & Erwartungen?
✓ Gibt es ein regelmäßiges Feedbacksystem?
✓ Werden Leistungsträger gezielt gefördert und belohnt?
✓ Haben Ihre Führungskräfte eine klare Schulung & Weiterentwicklung?
✓ Gibt es regelmäßige Teambuilding-Maßnahmen?

Ihr nächster Schritt:

Setzen Sie ein Leadership-Training für Ihre Führungs-kräfte auf.

4. Checkliste: Kundenbindung & Verkaufspsychologie

Ziel: Mehr Wiederkäufe & treue Kunden.

- ✓ Haben Sie ein Kundenbindungsprogramm (z. B. VIP-Club, Sonderrabatte)?
- ✓ Nutzen Sie Cross-Selling- & Upselling-Strategien, um den Umsatz pro Kunde zu steigern?
- ✓ Gibt es automatisierte Follow-ups, um Bestandskunden erneut zu aktivieren?
- ✓ Nutzen Sie Kundenfeedback, um Ihr Angebot zu optimieren?
- ✓ Haben Sie einen persönlichen, begeisternden Kundenservice?

Ihr nächster Schritt:

Entwickeln Sie eine strategische Kundenbindungsmaß-nahme.

5. Checkliste: Preisstrategie & Gewinnmaximierung

Ziel: Mehr Gewinn durch strategische Preisgestaltung.

- ✓ Haben Sie Ihre Preise in den letzten 12 Monaten überprüft?
- ✓ Haben Sie eine klare Differenzierung zwischen Premium- & Basisangeboten?

- ✓ Nutzen Sie psychologische Preisstrategien (z. B. Charme-Preise, Ankerpreise)?
- ✓ Haben Sie A/B-Tests mit unterschiedlichen Preisen durchgeführt?
- ✓ Wissen Sie genau, wie sich eine Preiserhöhung auf Ihren Gewinn auswirken würde?

Ihr nächster Schritt:

Überprüfen & optimieren Sie Ihre Preisstrategie.

6. Checkliste: Automatisierung & Digitalisierung

Ziel: Mehr Effizienz durch Technologie.

- ✓ Nutzen Sie CRM-Systeme, um Kundenbeziehungen zu verwalten?
- ✓ Sind Ihre Buchhaltung & Rechnungsstellung automatisiert?
- ✓ Haben Sie eine klare Automatisierungsstrategie für Social Media & Marketing?
- ✓ Gibt es eine digitale To-do-Liste für Ihr Team?
- ✓ Nutzen Sie Chatbots oder automatisierte Kundenkommunikation?

Ihr nächster Schritt:

Identifizieren Sie die 3 wichtigsten Prozesse, die Sie automatisieren können.

Fazit: Checklisten für nachhaltigen Erfolg

Die wichtigsten Vorteile der Arbeit mit Checklisten:

- ✓ Mehr Klarheit & Struktur im Unternehmen
- ✓ Weniger Fehler & Missverständnisse
- ✓ Höhere Produktivität & Gewinn

Ihr nächster Schritt:

Nutzen Sie mindestens eine dieser Checklisten, um Ihr Unternehmen sofort zu verbessern!

Jetzt kostenloses Erstgespräch sichern:

https://www.akademie-fsl.de/business-tester/

In Kapitel 9 erfahren Sie, wie Sie Ihr Unternehmen auf Autopilot setzen!

BONUS-KAPITEL 1: Der 7-Schritte-Wachstumsplan – Ihr Fahrplan zu nachhaltigem Unternehmenswachstum

Warum die meisten Unternehmen nicht ihr volles Potenzial entfalten

Viele Unternehmer träumen von nachhaltigem Wachstum, doch die Realität sieht oft anders aus:

- Ihr Umsatz stagniert oder wächst nur minimal.
- Sie arbeiten härter, aber nicht smarter.
- Trotz guter Produkte/Dienstleistungen fehlt eine klare Skalierungsstrategie.

Die Wahrheit:

Unternehmen, die strukturiert wachsen, folgen einem klaren Plan.

Was Sie in diesem Kapitel lernen:

- Die 7 entscheidenden Schritte, um Ihr Unternehmen auf das nächste Level zu heben
- Wie Sie systematisch Wachstumspotenziale aufdecken & nutzen
- Welche typischen Fehler Sie vermeiden müssen

Sind Sie bereit, einen klaren Wachstumsfahrplan zu verfolgen?

Dann starten wir!

1. Schritt: Klare Vision & Strategie definieren

Regel: „Ohne klares Ziel gibt es kein erfolgreiches Wachstum."

Wichtige Fragen:

- ✓ Wo soll Ihr Unternehmen in 12, 24 und 60 Monaten stehen?
- ✓ Wie sehen Ihre konkreten Wachstumsziele aus?
- ✓ Welche Kennzahlen (KPIs) messen Ihren Fortschritt?

Praxisbeispiel:

Ein IT-Unternehmen stagnierte bei 1,5 Mio. € Jahresumsatz. Nach der Definition klarer Wachstumsziele (3 Mio. € in 2 Jahren) und einer detaillierten Strategie zur Umsetzung stieg der Umsatz auf 2,8 Mio. € in 18 Monaten.

Ihr nächster Schritt:

Schreiben Sie Ihre 1-Jahres- & 3-Jahres-Wachstumsstrategie auf.

2. Schritt: Effiziente Prozesse & Automatisierung einführen

Regel: „Ein Unternehmen kann nur so schnell wachsen, wie seine Prozesse es erlauben."

Die 3 größten Prozessprobleme in Unternehmen:

- Zeitfresser und ineffiziente Abläufe
- Manuelle Prozesse, die automatisiert werden könnten
- Fehlende klare Verantwortlichkeiten

Lösung:

✓ Automatisierte CRM-Systeme & Buchhaltung

✓ Effiziente Prozessoptimierung durch Lean Management

✓ Klare Workflows & Verantwortlichkeiten für Teams

Ihr nächster Schritt:

Identifizieren Sie 3 Prozesse, die Sie sofort automatisieren können.

3. Schritt: Mitarbeiter als Wachstumsmotor nutzen

Regel: „Ein starkes Unternehmen braucht ein starkes Team."

Mitarbeiter-Wachstumsstrategie:

- ✓ High-Performer fördern & gezielt weiterentwickeln
- ✓ Führungskräfte trainieren, um Teams besser zu leiten
- ✓ Performance-Boni & Motivationstools einsetzen

Praxisbeispiel:

Ein Unternehmen führte ein Leistungsbonus-Programm für seine Mitarbeiter ein – die Produktivität stieg um 32 % und die Fluktuation sank um 44 %.

Ihr nächster Schritt:

Entwickeln Sie ein Motivations- & Entwicklungskonzept für Ihre Mitarbeiter.

4. Schritt: Kundenbindung & Vertrieb optimieren

Regel: „Neukunden sind wichtig – Bestandskunden sind Gold wert."

Die besten Methoden für nachhaltiges Wachstum:

- ✓ Cross-Selling & Up-Selling-Strategien
- ✓ VIP- & Treueprogramme für Bestandskunden
- ✓ Gezielte Nachfass- & Empfehlungsprogramme

Ihr nächster Schritt:

Erstellen Sie ein Kundenbindungsprogramm.

5. Schritt: Gewinnoptimierung & Preisstrategie anpassen

Regel: „Mehr Umsatz bedeutet nicht immer mehr Gewinn."

Schritt-für-Schritt-Optimierung:

- ✓ Unprofitable Kunden oder Produkte eliminieren
- ✓ Preisstrukturen optimieren
- ✓ Skalierbare Einnahmequellen (z. B. Abo-Modelle) einführen

Ihr nächster Schritt:

Überprüfen Sie Ihre Preisstrategie & testen Sie eine Erhöhung.

6. Schritt: Skalierungsstrategien implementieren

Regel: „Wachstum darf nicht zufällig passieren – es muss systematisch aufgebaut werden."

Die 3 besten Skalierungsstrategien:

✓ Franchise- oder Lizenzmodelle entwickeln
✓ Neue Märkte oder Zielgruppen erschließen
✓ Zusätzliche Vertriebskanäle (z. B. Online, Partnerschaften) nutzen

Ihr nächster Schritt:

Identifizieren Sie eine Skalierungsmöglichkeit für Ihr Business.

7. Schritt: Erfolgsmessung & kontinuierliche Optimierung

Regel: „Unternehmen, die regelmäßig ihre Fortschritte analysieren, wachsen schneller."

Die 3 entscheidenden Messpunkte:

• Wöchentliche Umsatz- & Kostenkontrolle
• Monatliche Analyse der Kunden- & Mitarbeiterperformance
• Jährliche Strategieüberprüfung & Anpassung

Ihr nächster Schritt:

Erstellen Sie ein Erfolgs-Dashboard mit den wichtigsten KPIs.

Fazit: Der 7-Schritte-Wachstumsplan als Fahrplan zum Erfolg

Die 7 Schritte zusammengefasst:

- ✓ Klare Vision & Strategie definieren
- ✓ Effiziente Prozesse & Automatisierung einführen
- ✓ Mitarbeiter als Wachstumsmotor nutzen
- ✓ Kundenbindung & Vertrieb optimieren
- ✓ Gewinnoptimierung & Preisstrategie anpassen
- ✓ Skalierungsstrategien implementieren
- ✓ Erfolgsmessung & kontinuierliche Optimierung

Ihr nächster Schritt:

Implementieren Sie Schritt 1 in den nächsten 7 Tagen!

Im nächsten Bonus-Kapitel erfahren Sie, wie Sie die größten Produktivitätskiller eliminieren!

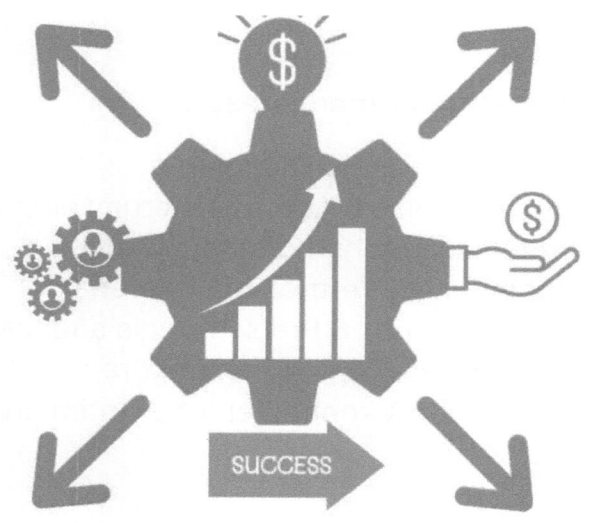

BONUS-KAPITEL 2: Die 10 größten Produktivitätskiller & wie Sie sie eliminieren

Warum Produktivität der Schlüssel zu schnellem Wachstum ist.

Jeder Unternehmer und jede Führungskraft kennt das Problem: Es gibt immer zu wenig Zeit, zu viele Aufgaben und zu viele Ablenkungen.

- Sie arbeiten 10–12 Stunden am Tag – aber am Ende bleibt das Gefühl, nicht genug geschafft zu haben.
- Meetings fressen Stunden, ohne dass klare Entscheidungen getroffen werden.
- Mitarbeiter sind beschäftigt, aber nicht produktiv.

Die Wahrheit:

Produktivität hat nichts mit harter Arbeit zu tun – sondern mit fokussierter, effizienter Arbeit an den richtigen Dingen.

Was Sie in diesem Kapitel lernen:

- Die 10 größten Produktivitätskiller, die in jedem Unternehmen Zeit & Geld verschwenden
- Sofort umsetzbare Strategien, um diese Hindernisse aus dem Weg zu räumen

- Wie Sie Ihr Team & Ihr Unternehmen zu einer Hochleistungsmaschine machen

Sind Sie bereit, Ihre Produktivität drastisch zu steigern?

Dann legen wir los!

1. Produktivitätskiller: Multitasking – Die Illusion von Effizienz

Regel: „Multitasking senkt Ihre Produktivität um bis zu 40 %."

Viele Unternehmer glauben, sie seien effizienter, wenn sie mehrere Dinge gleichzeitig erledigen. Die Realität? Ihr Gehirn kann sich nur auf eine Sache gleichzeitig fokussieren.

Lösung:

✓ Blockzeiten für fokussierte Arbeit einführen (90-Minuten-Sprints).
✓ Benachrichtigungen & Ablenkungen konsequent ausschalten.
✓ To-do-Listen auf maximal 3 Kernaufgaben pro Tag begrenzen.

Ihr nächster Schritt:

Testen Sie die „Single-Tasking"-Methode für eine Woche.

2. Produktivitätskiller: Unnötige Meetings - Zeitfresser Nr. 1

Regel: „Die meisten Meetings könnten durch eine E-Mail ersetzt werden."

Typische Meeting-Probleme:

- Keine klare Agenda
- Zu viele Teilnehmer
- Keine konkreten Ergebnisse

Lösung:

- ✓ Nur Meetings mit klarem Ziel & Agenda zulassen.
- ✓ Maximale Dauer: 30 Minuten.
- ✓ Steh-Meetings statt Sitz-Meetings – erhöht Effizienz um 25 %.

Ihr nächster Schritt:

Reduzieren Sie Ihre Meeting-Zeit um 50 %.

3. Produktivitätskiller: Ständige Unterbrechungen

Regel: „Jede Unterbrechung kostet 23 Minuten Fokuszeit."

Lösung:

✓ Fixe Kommunikationszeiten für E-Mails & Anrufe einführen.
✓ „Deep Work"-Phasen ohne Störungen einplanen.
✓ Kopfhörer oder visuelle Signale nutzen, um ungestört zu arbeiten.

Ihr nächster Schritt:

Testen Sie für 7 Tage eine „Fokus-Zone" in Ihrem Büro.

4. Produktivitätskiller: Perfektionismus

Regel: „Perfekt ist der Feind von fertig."

Lösung:

✓ Die 80/20-Regel anwenden: Perfektion kostet überproportional mehr Zeit.
✓ Fokus auf schnelle Umsetzung & iterative Verbesserungen legen.

Ihr nächster Schritt:

Liefern Sie eine Aufgabe mit 80 % Perfektion – statt auf 100 % zu warten.

5. Produktivitätskiller: Fehlende Priorisierung

Regel: „Nicht alles ist gleich wichtig."

Lösung:

- ✓ Die Eisenhower-Matrix nutzen: Wichtige vs. Dringende Aufgaben trennen.
- ✓ Jeden Tag die 3 wichtigsten Aufgaben definieren (Rule of Three).

Ihr nächster Schritt:

Wenden Sie die Eisenhower-Matrix für eine Woche an.

6. Produktivitätskiller: E-Mail-Flut

Regel: „Die meisten E-Mails sind unnötige Ablenkung."

Lösung:

- ✓ Maximal 2 feste Zeitblöcke pro Tag für E-Mails einplanen.

✓ Jede E-Mail mit einer konkreten Handlungsaufforderung versehen.

Ihr nächster Schritt:

Prüfen Sie Ihre E-Mails nur noch zweimal täglich.

7. Produktivitätskiller: Zu viele Tools & Apps

Regel: „Technologie soll Arbeit erleichtern, nicht komplizierter machen."

Lösung:

✓ Unnötige Software und Apps eliminieren.
✓ Alle Aufgaben in einem zentralen Tool (z. B. Trello, Asana) bündeln.

Ihr nächster Schritt:

Reduzieren Sie Ihre digitalen Tools auf die wirklich wichtigsten 3.

8. Produktivitätskiller: Entscheidungsparalyse

Regel: „Je mehr Entscheidungen Sie treffen müssen, desto ineffizienter werden Sie."

Lösung:

✓ Wiederkehrende Entscheidungen standardisieren.
✓ Delegieren, wo immer möglich.

Ihr nächster Schritt:

Standardisieren Sie eine wiederkehrende Entscheidung.

9. Produktivitätskiller: Fehlende Pausen

Regel: „Regelmäßige Pausen steigern die Produktivität um bis zu 20 %."

Lösung:

✓ Alle 90 Minuten eine kurze Pause einlegen.
✓ Mindestens eine Bewegungspause pro Tag einplanen.

Ihr nächster Schritt:

Planen Sie feste Pausen in Ihren Tagesablauf ein.

10. Produktivitätskiller: Unklare Ziele & fehlendes Controlling

Regel: „Was nicht gemessen wird, kann nicht verbessert werden."

Lösung:

✓ Klare Wochen- und Monatsziele definieren.
✓ Regelmäßige Fortschrittsmessung durch KPIs.

Ihr nächster Schritt:

Definieren Sie klare KPIs für Ihre Produktivität.

Fazit: Produktivität steigern, Zeit sparen, mehr erreichen

Die 10 größten Produktivitätskiller zusammengefasst:

✓ Multitasking eliminieren
✓ Meetings auf das Minimum reduzieren
✓ Unterbrechungen blockieren
✓ Perfektionismus ablegen
✓ Klare Prioritäten setzen
✓ E-Mail-Flut reduzieren
✓ Zu viele Tools vermeiden

- ✓ Schnellere Entscheidungen treffen
- ✓ Pausen sinnvoll nutzen
- ✓ Ziele & Fortschritte messbar machen

Ihr nächster Schritt:

Wählen Sie 3 Produktivitätskiller und eliminieren Sie sie noch diese Woche!

Im nächsten Bonus-Kapitel erfahren Sie, wie Sie mehr Gewinn erzielen – ohne mehr zu arbeiten!

BONUS-KAPITEL 3: Gewinnhebel-Checkliste für mehr Umsatz ohne Mehraufwand

Mehr Gewinn, ohne mehr zu arbeiten – geht das wirklich?

Viele Unternehmer glauben, dass mehr Umsatz zwangsläufig mehr Arbeit bedeutet.

- „Ich muss mehr Kunden gewinnen, um mehr zu verdienen."
- „Ich brauche mehr Mitarbeiter, um zu wachsen."
- „Ich muss mehr Werbung schalten, um den Umsatz zu steigern."

Doch die Wahrheit ist:

Mehr Umsatz ist nicht gleich mehr Gewinn!

Ein Unternehmen kann seinen Gewinn um 20–50 % steigern, ohne auch nur eine Stunde mehr zu arbeiten, indem es die richtigen Gewinnhebel aktiviert.

Was Sie in diesem Kapitel lernen:

- ✓ Die 10 wichtigsten Gewinnhebel, um Ihren Umsatz und Gewinn zu maximieren
- ✓ Wie Sie bestehende Ressourcen besser nutzen – statt einfach mehr zu tun
- ✓ Welche einfachen Anpassungen sofortige Ergebnisse bringen

Sind Sie bereit, Ihren Gewinn systematisch zu steigern?

Dann legen wir los!

Die 10 größten Gewinnhebel für mehr Umsatz ohne Mehraufwand

Viele Unternehmen haben versteckte Gewinnpotenziale – sie nutzen sie nur nicht!

Hier sind die 10 wichtigsten Gewinnhebel:

1. Preisstrategie optimieren – Den Preis erhöhen, ohne Kunden zu verlieren

2. Bestandskunden besser monetarisieren – Wieder-käufe & Abo-Modelle nutzen

3. Cross-Selling & Up-Selling einführen – Höhere Warenkörbe generieren

4. Effizientere Prozesse – Verschwendung eliminieren

5. Fixkosten senken – Ohne Qualitätseinbußen

6. Vertriebsstrategie optimieren – Höhere Abschluss-quote im Verkauf

7. Bessere Kundenqualifizierung – Weniger unproduktive Kundenanfragen

8. Zahlungsmoral verbessern – Schnellere Zahlungen sichern

9. Gezieltes Marketing statt Massenwerbung – Mehr Wirkung bei weniger Budget

10. Mitarbeiterproduktivität steigern – Mehr Output pro Arbeitsstunde

Lassen Sie uns jeden dieser Hebel im Detail durchgehen.

1. Gewinnhebel: Preisstrategie optimieren

Regel: „Die meisten Unternehmen verlangen zu wenig für ihre Leistungen."

Häufiger Fehler:

Viele Unternehmer haben Angst, die Preise zu erhöhen – aus Sorge, Kunden zu verlieren.

Wie Sie Ihren Preis erfolgreich erhöhen:

✓ Schrittweise kleine Preiserhöhungen testen (z. B. +10 %)

✓ Zusätzliche Werte schaffen (z. B. Premium-Service, exklusive Angebote)

✓ Psychologische Preisstrategien nutzen (Charm-Preise, Ankerpreise)

Praxisbeispiel:

Ein Dienstleistungsunternehmen erhöhte seine Preise um 15 % – und gewann danach sogar mehr Kunden, weil das Angebot hochwertiger wahrgenommen wurde.

Ergebnis:

✓ 30 % mehr Umsatz bei gleichbleibender Kundenanzahl

Ihr nächster Schritt:

Testen Sie eine Preiserhöhung von 5–10 %!

2. Gewinnhebel: Bestandskunden monetarisieren

Regel: „Es ist 5-mal günstiger, einen bestehenden Kunden zu halten, als einen neuen zu gewinnen."

Wie Sie mehr aus bestehenden Kunden rausholen:

- ✓ Treueprogramme & VIP-Angebote einführen
- ✓ Automatische Follow-ups nach jedem Kauf oder Auftrag
- ✓ Regelmäßige Upsell-Angebote an Bestandskunden senden

Praxisbeispiel:

Ein Online-Shop führte ein VIP-Kundenprogramm ein – Bestandskunden erhielten exklusive Angebote.

Ergebnis:

- ✓ Wiederkaufsrate um 62 % erhöht
- ✓ Jährlicher Umsatzanstieg um 400.000 € ohne neue Kunden

Ihr nächster Schritt:

Führen Sie ein Kundenbindungsprogramm ein!

3. Gewinnhebel: Cross-Selling & Up-Selling einführen

Regel: „Die meisten Kunden geben gerne mehr Geld aus – wenn man sie richtig anspricht."

Wie Sie höhere Warenkörbe generieren:

✓ Zusatzprodukte oder Dienstleistungen beim Kauf anbieten (Cross-Selling)
✓ Premium-Varianten der bestehenden Angebote integrieren (Up-Selling)

Praxisbeispiel:

Ein Coaching-Anbieter bot nach dem Erstkauf ein exklusives „VIP-Upgrade" an.

Ergebnis:

✓ 40 % der Kunden entschieden sich für das Upgrade
✓ Durchschnittlicher Umsatz pro Kunde stieg um 35 %

Ihr nächster Schritt:

Integrieren Sie ein Upselling-Angebot!

4. Gewinnhebel: Effizientere Prozesse & Fixkostenoptimierung

Regel: „Jede Stunde ineffiziente Arbeit ist verschenktes Geld."

Wie Sie Effizienz steigern & Fixkosten senken:

✓ Wiederkehrende Prozesse automatisieren
✓ Unnötige Meetings eliminieren
✓ Lieferantenverträge optimieren

Praxisbeispiel:
Ein Produktionsunternehmen optimierte die Lagerhaltung – und reduzierte dadurch die Kosten um 18 %.

Ergebnis:

✓ Jährliche Einsparungen von 750.000 €

Ihr nächster Schritt:

Analysieren Sie Ihre größten Zeit- & Kostenfresser!

5. Gewinnhebel: Vertriebsstrategie verbessern

Regel: „Nicht die Anzahl der Leads entscheidet – sondern die Qualität und Abschlussquote."

Wie Sie Ihren Vertrieb optimieren:

- ✓ Bessere Kundenselektion (nur mit Top-Leads arbeiten)
- ✓ Einwandbehandlung verbessern
- ✓ Strukturierte Verkaufsprozesse einführen

Praxisbeispiel:

Ein Software-Unternehmen optimierte sein Verkaufsgespräch – die Abschlussquote stieg von 15 % auf 42 %.

Ihr nächster Schritt:

Verbessern Sie Ihr Verkaufsgespräch!

6. Gewinnhebel: Zahlungsmoral verbessern

Regel: „Schneller bezahlte Rechnungen verbessern den Cashflow enorm."

Wie Sie schneller Ihr Geld bekommen:

- ✓ Frühzahlerrabatte & Mahngebühren nutzen
- ✓ Automatische Zahlungssysteme einführen
- ✓ Vorauskasse oder Anzahlung verlangen

Praxisbeispiel:

Ein Handwerksunternehmen führte eine 30 % Anzahlungspolitik ein.

Ergebnis:

- ✓ Liquidität sofort verbessert
- ✓ Kundenzahlungen kamen im Schnitt 20 Tage früher

Ihr nächster Schritt:

Prüfen Sie Ihre Zahlungsmoral & setzen Sie bessere Anreize!

Fazit: Mehr Gewinn ohne Mehraufwand

Die 10 besten Gewinnhebel zusammengefasst:

- ✓ Preisstrategie optimieren
- ✓ Bestandskunden besser monetarisieren
- ✓ Cross-Selling & Up-Selling einführen
- ✓ Effizientere Prozesse & Fixkostenoptimierung
- ✓ Vertriebsstrategie verbessern
- ✓ Bessere Kundenqualifizierung
- ✓ Schnellere Zahlungen sichern
- ✓ Gezieltes Marketing statt Massenwerbung
- ✓ Mitarbeiterproduktivität steigern
- ✓ Langfristige Gewinnmaximierungsstrategie aufbauen

Ihr nächster Schritt:

Wählen Sie 3 Gewinnhebel und setzen Sie sie diese Woche um!

Jetzt kostenloses Erstgespräch sichern:

https://www.akademie-fsl.de/business-tester/

Schlusswort – Geben Sie Gas!

So skalieren Sie Ihr Unternehmen nachhaltig!

„Der Worte sind genug gewechselt, lassen Sie Taten sprechen!"

Und genau so sieht es aus! Was dann auch genau bedeutet: Wenn Sie nicht in die Umsetzung kommen, weil Ihnen alles zu schwer, kompliziert oder undurchdringbar erscheint, dann wird sich auch nichts ändern und auch nichts bewegen!

Natürlich wissen Sie das, denn sonst wären Sie nicht UnternehmerIn!

Aber ich will Ihnen hier weder Druck noch Vorwürfe für ein natürliches Zögern oder Nachdenken machen, denn ICH, kann Sie sehr gut verstehen! Es ist immer leichter gesagt als getan! Was ja auch in Ordnung ist, denn sonst wären wir alle vollkommene Perfektionisten auf dem himmlischen Weg des Erfolges!

Es geht also gar nicht darum, dass Sie bis in den letzten Winkel Ihres Unternehmens jedes Potenzial peinlich genau ausschöpfen und aktiviere, sondern darum, dass Sie sich auf den Weg machen! Und DAS, ist ganz einfach das Wichtigste!

Aber eines ist auch klar:

Es gibt für alles Spezialisten und Experten! Und wenn es um das Thema „Skalieren" und „Innovation" geht sind wir es, die Unternehmern und Unternehmerinnen effektiv und mit über 30 Jahren Praxiserfahrung sicher helfen, ihre Ziele zu erreichen und das vorhandene Unternehmer-Potenzial optimal zu nutzen!

Wie heißt es so schön:

Warum Geld auf der Straße liegen lassen, wenn man es doch ganz einfach aufheben und mitnehmen kann!

Und hierbei möchte ich Ihnen gerne mit meinem Team helfen! Ich möchte Ihnen gerne helfen, Störfaktoren und Störenergien, Hindernisse und Blockaden, eine gewisse Blindheit für zahlreiche Gelegenheiten, die sich Ihrem Unternehmen täglich bieten, die Ihren Erfolg und Umsatz verhindern, die Sie und Ihre Mitarbeiter demotivieren und ausbremsen, zu lösen und das, wofür Sie mit Ihrem Business einmal angetreten sind, IHRE Vision, zu verwirklichen!

Alles, was Sie dafür tun müssen, um sich aus der Tretmühle der Gewohnheit und Chancenlosigkeit zu befreien ist, sich einen kostenlosen Termin zu buchen, in dem wir gemeinsam besprechen, wo Ihr verstecktes Potenzial liegt, wie man dieses aktivieren kann, wie Sie mehr Umsätze machen, wie Sie mehr Kunden gewinnen und diese auch behalten, wie Sie sich und Ihre Mitarbeiter – insofern vorhanden – täglich motivieren und hocheffektiv und effizient mit Ihrem Unternehmen arbeiten.

Und, was ich in meinen 30 Jahren als mit einen der extremen Aspekte halte ist, wie Sie Ihre Kosten drastisch reduzieren und in satte Gewinne verwandeln! Nirgends wird sinnlos so viel Geld verbrannt, wie in den Kleinigkeiten und stillen Ecken!

Was stille Ecken sind, zeige ich Ihnen gerne vor Ort, in Ihrem Unternehmen! Sie haben jede Menge davon!

Aber das alles ist ein Prozess, der sich auch einmal über ein paar Monate erstrecken kann!

Aber: **Es lohnt sich!**

Die Erfahrung hat gezeigt, dass selbst in „Krisenzeiten", wenn es so etwas überhaupt gibt, man auch innerhalb von 9 Monaten seinen Umsatz von einmal eben 5-stellig auf 8-stellig skalieren kann, ohne sich dabei zu verrenken!

Wenn das interessant für Sie klingt, und Sie sich mit Ihrem Unternehmen außergewöhnlich entwickeln, Ihren

Umsatz ebenso skalieren wollen (nicht „möchten", denn möchten wollen viele, aber wollen möchten nicht alle), und wieder neues Feuer und ein hohes Maß an Motivation bei sich selbst und bei Ihren Mitarbeitern spüren und erleben möchten, dann buchen Sie sich einen Termin und mein Team und ich freue uns, Sie auf diesem Weg begleiten zu dürfen!

Bis dahin Ihnen weiterhin viel Erfolg!
Alles Gute!
Ihr

Chris Hohlstamm von Dehnen
Business-Highperformer & Business-Coach

„Weniger als Maximal-Erfolg ist inakzeptabel!"

Buchen Sie hier Ihr kostenloses Erstgespräch!

Link in den Browser eingeben oder **QR-Code** scannen:

https://www.akademie-fsl.de/business-tester/

Weitere Bücher von Chris Hohlstamm von Dehnen

Erhältlich unter: **www.lebensfreudeverlag.de**

Business meets

Kampfkunst
Erfolgs-Strategien für

Selbstständige,

Führungskräfte

und Unternehmer!

19,90 €

Erfolg ist D/eine

Entscheidung
Erfolg ist kein Zufall!

Er ist das Ergebnis

bewusster

Entscheidungen.

19,70 €

Der Geldfluss-Code

Überwinde limitierende

Glaubenssätze und erlebe

die natürliche Anziehung
von Glück und

Wohlstand!

12,70 €

Sie sind ein

Glückspilz

Der Ratgeber für eine

grandios glückliche

Lebenszeit!

14,90 €

Heile deine Ahnen – Heile dich selbst

Mit mentalen Techniken alte Energien transformieren.

24,70 €

Mitten unter uns – Engel zum Anfassen

Entdecke die magische Welt der Engel – hautnah und greifbar!

17,70 €

Im Licht deiner Seele

Heilung finden –

Hoffnung leben –

Stärke entfalten

12,70 €

Wenn du nicht aufwachst, stirbst du tot!

Deine Reise zu

einem bewussten

Leben!

12,70 €

Bodhisattva

Vom gemobbten

Pfarrerssohn zum

Therapeuten und

Menschenfreund

17,70 €

Wie Sie spielend

Ihr Traumleben
verwirklichen
... und innerlich &

äußerlich reich werden!

7,50 €

Die Reise ins Licht

Spirituelle Praktiken für

kosmische Energie,

Selbstvertrauen und

Ganzheitliches

Bewusstsein!

8,70 €

7 Methoden, um

dich von negativen

Energien zu befreien

11,11 €

Die 25 goldenen Glücksregeln

... für ein Leben in

Wohlstand, Reichtum

und Harmonie!

17,90 €

9 Schritte zu Unerschütterlichem Selbstvertrauen

Steigere Dein Selbst-

bewusstsein, Deine
Energy, Kraft und

Leistungsfähigkeit, ...

14,90 €

4Erste Hilfe für die Partnerschaft

32 praktische Tipps, wie ihr Konflikte einfach lösen könnt, damit Harmonie und Liebe wieder sicht- und spürbar werden!

12,70 €

Engel-Kontakt

Haben Sie schon mal einen Engel gesehen?

16,90 €